学級を最高のチームにする極意

最高のチームを育てる
学級目標

作成マニュアル&活用アイデア

赤坂 真二 編著

明治図書

まえがき

担任する子どもたちにこう聞かれたらどう答えますか？

「先生，私たちのクラスはどんなクラスになるの？」
「先生は，このクラスをどんなクラスにしたいの？」

　明確に答えられますか？　４月に出会った子どもたちの期待とも不安ともとれる複雑な表情を言語化するとこんな言葉になるかもしれません。私が小学校で20年近く学級担任をしていた時に，このような質問をされたことは一度たりともありません。しかし，子どもたちは，新しい学級はどんなところなのか，出会うクラスメートはどんなメンバーなのか，そして，新しく担任する教師はどんな人なのか，言葉にならない問いをもっていることでしょう。それは，みなさんが新採用教員として初めて出勤した日や，新しい職場に異動した時に抱いた思いを想起してみれば，想像はつくでしょう。
　同じ問いを校長先生にしてみたとします。

「校長先生，この学校は，これからどんな学校になるのでしょうか？」
「校長先生，この学校をどんな学校にするおつもりですか？」

　明確な答えが返ってこなかったら，みなさんはどんなことを感じますか。おそらく不安を感じるとともに，その校長先生に多少なりとも不信感を抱くことでしょう。リーダーとして信頼を得るためには，こうした問いに明確に答えることが求められます。
　学級の理想像とは。学級生活を船旅に例えるならば，目的地です。子どもたちと学級という船に乗り目的地に向かう営みが，学級生活と言えるでしょう。しかし，目的地を船長である教師だけが理解しているのでは，この旅は成功しません。目的地を教師だけが把握していると，いざ目的地に着いた時

に子どもたちは,「え？　私たちが行きたかったのはここじゃない」という事態になりかねません。ひょっとしたら,旅の途中で「船長さん,行き先が違いますよ」「そこに行くならば,私たちは一緒には行けません」などと言い出すことがあるかもしれません。

　通常の船旅ならば,乗客は目的地を知って乗り込みます。しかし,学級生活という旅は,とりあえず船にお客が乗ってから,徐々に行き先が明らかになるミステリーツアーみたいな性格をもっています。だから,目的地にかかわる船長の明確な説明と乗客の合意が必要なのです。しかし,学級生活という旅では,船長である教師が示すべきは,具体的な港の名前ではなく,「あたたかい所」や「景色のよい所」という抽象的なものであるべきです。具体的な行き先は,子どもたちが決めます。さらによいのは,「あたたかい所」を目指して,○○へ行ってみましたが,「もっとあたたかい所があるはずだ」とさらによい港を求めて試行錯誤することです。

　学級目標は,学級の理想像である目的地を子どもたちと共有するための最初の一歩です。学級づくりにおいて,極めて重要な取り組みと言えるでしょう。しかし,多くの教室で学級目標が,つくられたまま活用されることがなく「豪華な飾り」になっているという話も聞きます。

　本書では,学級づくりのスペシャリストたちが,学級目標の考え方と作成方法,そして,活用方法にまで言及しました。この11人は,自身の学級で質の高い実践を積み重ねる一方で,大学院で専門的に学級づくりを研究したり,各地でセミナーを開いたり,講師を務めたりなどして,精力的な学びと発信を続けている実力者ばかりです。小学校低学年から,中学校まで多様な発達段階のニーズに応えることができるだろうと思います。

　本書は,単なる学級目標づくりのマニュアルではありません。みなさんの学級を育てるための学級目標の在り方の理論と技術を示しました。必ずやみなさんの学級づくりのスタートダッシュに貢献するものと確信しています。

赤坂　真二

まえがき

 集団づくりにおける学級目標の意味と役割　　9

「最高のチームを育てる学級目標
　　　　　作成マニュアル＆活用アイデア」の使い方
※第2章以降の実践編は，下記の項目を中心にまとめています。

❶自分の集団づくりにとっての学級目標とは
　▶なぜ，学級目標をつくるのか。学級目標に対する考え方をまとめています。
❷学級目標作成の手続き
　▶学級目標作成の方法について，追試できる形でまとめています。参考になるところがありましたら使ってください！
❸学級目標をチームづくりにこう活かす！
　▶学級目標とリンクした具体的な活動アイデアをまとめました。その活動を学級目標に照らしてどう評価し，次の活動，集団づくりに活かしたか。最高のチームづくりへのアイデアが満載です。

 最高のチームを育てる学級目標
作成マニュアル＆活用アイデア　　小学校低学年　　21

1 魅力的な学級目標と学級が育つシステム　22
　1　学級目標とは　22
　2　子ども集団をチームにする学級目標　24

2 いつも心に学級目標を 33
  1　私にとって学級目標とは 33
  2　学級目標再現　完全シナリオ 34
  3　学級目標を学級づくりにこう活かす！ 38
3 いつも意識できる学級目標づくり 43
  1　私にとって学級目標とは 43
  2　学級目標作成の手続き 45
  3　学級目標を学級づくりにこう活かす！ 50

第3章　最高のチームを育てる学級目標作成マニュアル＆活用アイデア　小学校中学年　57

1 ゴールイメージを実現させるために学級目標を教師の肚に落とす 58
  1　ゴールイメージを実現させるための三つのポイント 58
  2　学級目標をつくる〜学級目標はゴールイメージを表しているか〜 59
  3　どのように学級目標を生きたものにするか 63
  4　自ら集団をつくるための１年間の見通し 67
  5　教師の肚と子どもの願い〜二つのゴールを一致させる〜 68
  6　それでも教師の肚に落ちた学級目標を 69
2 学級目標を活かすグランドルールとプロジェクトチーム 70
  1　学級目標がなぜ必要か 70
  2　学級目標作成七つのステップ 71
  3　学級目標を学級づくりにこう活かす！ 76
3 学級目標を学校行事とリンクさせる 79
  1　学級目標＝学校行事の教育効果を最大限引き出すツール 79
  2　学級目標作成のポイント 80
  3　学校行事における学級目標活用のポイント 85

第4章 最高のチームを育てる学級目標 作成マニュアル&活用アイデア　小学校高学年　91

1 行事や活動ごとに充実した振り返りができる学級目標づくり　92
1 私と「学級目標づくり」との出会い　92
2 学級目標のつくり方　93
3 学級目標を年間の活動に位置付ける　98
4 学級目標の真の活動は振り返りにあり　103

2 学級目標は「宝島」～海賊船○組号の目指すもの～　104
1 私にとって学級目標とは　104
2 学級目標作成の手続き　106
3 学級目標を学級づくりにこう活かす！　111

3 僕らの学級目標ができるまで　116
1 学級目標は必要か？　116
2 いい学級目標とは　117
3 学級目標のつくり方　119
4 具体的な行動が学級目標を具現化する　124
5 すべてが学級目標へ向かう　127

第5章 最高のチームを育てる学級目標 作成マニュアル&活用アイデア　中学校　129

1 私がダメにしてきた学級目標　そしてそこから学んだこと　130
1 はじめに　130
2 私のやってきた失敗　130
3 失敗から学んだこと　132
4 学級目標づくりのポイント　134
5 学級目標活用のポイント　139
6 学級目標の価値　141

2 学級目標を学級経営の柱にする　143

1 学級目標を決めることの意義　143

2 学級目標をどう決めるか　144

3 学級目標設定の実際　145

4 学級目標を活かした学級経営を　149

5 学級目標は，学級の北極星である　153

3 学級づくりを学級目標の視点から考える　155

1 学級目標とは？　155

2 学級目標作成の手続き　156

3 学級目標を学級づくりにこう活かす！　161

4 評価をする　165

5 学級目標を大切なものとして　168

あとがき

第1章

集団づくりにおける
学級目標の意味と役割

学級目標にかかわる様々な実践と考え方

みなさん，本音で答えてください。

> 学級目標は必要ですか？

いかがですか。まず，学級目標とは一体何なのでしょうか，そもそも必要なのでしょうか。

私は小学校の教師になった1年目から，毎年のように学級目標をつくってきました。学級目標をつくることが当たり前だと思っていました。教師になって着任すると，すぐに学年主任から，「学級目標を決めないとね」と言われました。そうすることが当たり前だと思っていたので，よくわからないなりに先輩方から学級目標のつくり方を聞き，学級目標をつくってきました。多くの新採用の教師は，このようにして学級目標と出会うのではないでしょうか。

> 必要だからつくるのではなく，つくらざるを得なくてつくる。

学級経営を勉強し出すと，学級目標のつくり方にもいろいろあることがわかってきました。先生が決めるという意見もあれば，子どもたちと話し合って決めるという意見もありました。そこに保護者の意見も入れるという決め方も知りました。数としては，後者の子どもたちと話し合って決める学級が多いと感じました。そして，つくり方だけでなく，つくる時期にもいろいろな考え方があることがわかりました。また，運用の仕方にもいくつかの考え方があることもわかりました。

学級開きから1週間以内という話も聞きました。学級が始まって時間が経つと，人間関係が固定してきたり，学級の現実が見えたりして，ある種のあきらめが発生することがある，だから，子どもたちの学級への希望や瑞々しい期待をもっているうちに決めるというのがその理由でした。

また，一方で，学級開き早々の状態では，子どもたちと理想の学級像について話し合っても，建前しか出てこないから，学級開きから1，2か月経ってから決めた方がいいという話も聞きました。どちらも「一理あり」と思いました。したがって，どちらも実践しました。

　学級目標の捉え方も様々あり，学級目標は理想だから，決めたらそこに向かって1年間なり2年間なり，目指し続けるという実践もあれば，学期ごとに評価して，少しずつバージョンアップさせるという実践もありました。やはり，どちらも実践してみましたが，それぞれによさがありました。

　時には，最初の授業参観が4月下旬に設定されていて，それまでに学級目標を設定せよという「お達し」が出ていた学校もありました。それはそれなりにその学校の戦略があったのです。4月の授業参観が，最初の保護者との出会いの場です。その時に，子どもたちの生活の場たる学級が，きちんと機能している印象を保護者に印象付けることが大事だと考えていたのでしょう。安定した学級生活の象徴が学級目標だったのです。これをその場しのぎの付け焼き刃ととるか，練られた学校経営戦略だと捉えるかは，判断が分かれそうですが，学級目標というものの存在意義の一面を示しているエピソードだと思います。

学級目標は要らない？

　迷わず学級目標をつくってきた私が最も混乱したのは，「学級目標不要論」が主張され，そうした実践が出てきた時です。

　ちょうど，学級崩壊という言葉が，マスコミを通じて世間に広まってきた1990年代の後半です。教育界は世の中の個性尊重の気運に押され，子どもたち一人一人の個を大事にしようということが強く主張され始めた頃でした。これまで教育界が，経験したことのない「荒れ」である学級崩壊と個性尊重の気運は，互いに影響し合って教育界を席巻していきました。学級崩壊という現象を心配する一方で，「学級などというものがあるから崩壊するんだ，

だったら，学級そのものを解体してしまったらいい」というような主張まで聞こえていた頃でした。

　この時期は，小学校における学級の「常識」に対していろいろな変化が起こっている時でもありました。それまでリーダーを決める際に投票という手段が採られていましたが，ジャンケンで決めるという実践が脚光を浴びました。投票は，一見民主的ではありますが，実質は人気投票になっていて，民主的な決定になっていないとの理由でした。実際，この実践には，やる気はあるのに学級での支持が少なくリーダーになりたくてもなれない子どもたちが，運さえよければリーダーになれるというよさがありました。

　また，各学校におかれていた学級委員や児童会長などのポストがなくなり始めたのもこの頃からでした。特別活動の時数削減で，児童会活動が縮小され，また，そうした目立つことをやろうとする子どもたちが減っていたこともあり，実質的に子どもたちの自主的活動が成り立ちにくくなっていた時でもあります。このような動きの中で，学級生活における「常識」に対し，見直しがなされていたのだと思います（こうした小学校での，子どもたちの学級生活の変化は，当然中学校における学級生活やリーダーの在り方にも影響を及ぼしました）。

　そんな流れの中で出てきた学級目標不要論は，私のような学級目標をつくることを「常識」としてきた教師たちに驚きをもって受け止められました。どんな実践なのか不安と期待で，それを主張するある教師の教室を見に行きました。そこに行くと，学級目標を掲示するスペースに数十枚のカードが貼られていました。一人一人が書いためあてが書かれたカードでした。そこには，「明るく挨拶をする」とか「自分の責任を果たし，クラスのみんなに協力する」などの言葉が示されていました。

　学級目標不要論を主張する教師すべてがこのような実践をしていたとは思いません。ただ，こうした主張をする教師は，子どもたちの思いを集約することはしませんが，子どもたちそれぞれに学級や他者に協力したり貢献したりする行動プランを考えさせていたのだと思います。

学級で一つの方向を目指していくのではなく，それぞれに学級をよりよくなる方向を考え行動していくという戦略をとっていたのだろうと思います。おそらくその過程では，「互いにとってよい状態とは？」という話し合いが随時もたれたのだろうと思います。

　学級目標必要論に基づく実践は，演繹的な実践です。よりよい在り方が先にあり，そのために具体を考えていきます。また，それに対して学級目標不要論に基づく実践は，帰納的な実践だと言えるでしょう。まずは，具体的な個の姿から始まり，試行錯誤をしながらよりよい在り方を探っていくものだと言えないでしょうか。みなさんは，どう考えますか。

> 学級目標は，必要ですか？　不要ですか？

　学級目標必要論はもちろんですが，学級目標不要論も目標が要らないとは言っていないのです。最初に設定するか，試行錯誤しながら探っていくかの違いだと言えます。学級目標の問題を考える時に，その対極として学級目標不要論を取り上げましたが，

> 学級が営みを進めるためには，目標が必要とされてきた

ことには変わりないのです。

　つまり，形としての学級目標を設定しようがしまいが，いつ設定しようが，どのように評価しようが，集団づくりを志向する教室では，何らかの目標が必要とされてきたことは間違いないようです。では，学級にとって目標とは何なのでしょうか。

3　集団とは何か，学級とは何か

　学級は，しばしば学級集団と表現されます。学級づくりのことを集団づくりと言い換えられることもよくあります。このように学級と集団という言葉は切っても切れない関係にあると言っていいでしょう。

第1章　集団づくりにおける学級目標の意味と役割　13

集団には様々な意味があります。人の集まりに使われることもあれば，昆虫や動物など，人以外にも適用されることがあります。こうしたことから群れという意味で使われることもあります。

　また一方で，政党は政治集団，劇団は演劇集団，応援団は応援集団ですから，こうした人の相互作用によって結ばれている人の集まりにも適用されます。政党や劇団が群れであっていいわけはありませんから，

> **群れの状態の集団と人の相互作用によって結びついた集団は明確に分けて考えるべき**

でしょう。

　前者と後者を区別するものはなんでしょうか。動物や昆虫の群れを入れてしまうと話が拡散してしまうので対象を人に限定したいと思います。人の群れというと，大都会の交差点や混み合った遊戯施設などが想像されます。人が大勢集まっている時に，群れと表現されます。しかし，何万人集まっていようと，それが，野球場やサッカー場で特定のチームを応援している場合は，群れとは表現しないのではないでしょうか。高校野球でグラウンドの選手たちを必死に応援している応援団を群れとは言いませんよね。

　政党，劇団などの集まりと，交差点の人の集まりの違いはなんでしょうか。政党，劇団，応援団は，政治理念の実現，演目の上演，応援することなどの明確な目的をもっています。では，交差点の人々や海水浴客は目的をもっていないのか，というと，もっています。信号を待つ，海水浴をするなどの共通の目的をもっています。

　しかし，前者と後者の目的には明確な違いがあります。

　それは，

> **相互作用を必要とするかしないか**

ということです。

　群れのもつ目的には，人々の相互作用は必要ありません。交差点を渡るこ

とや，海水浴場や遊園地のお客さん同士で相互作用が必要だとは思えません。しかし，政党や劇団や応援団には，協力や認め合いなどの相互作用が必要になってきます。

　学級が群れに近いものか，団と表現される集まりに近いものかは，確認しなくてもいいでしょう。

> 学級は，相互作用を必要とする子どもたちの集まり

なのです。

学級集団づくりの目的

　では，学級に必要な相互作用とはどのようなものなのでしょうか。一見難しそうな問いに思えますが，その答えは意外と簡単に求めることができます。団は，英語に訳すと TEAM と表現されることが多いようです。

　つまり「団＝チーム」と考えれば，どのような相互作用が必要かわかりやすいでしょう。チームと言えば，すぐに連想されるのがスポーツ集団です。野球のチーム，サッカーのチーム，体操のチームもあります。水泳や陸上のリレーメンバーもチームです。チームの目的は明らかです。試合に勝つことや記録を伸ばすことです。

　これらは，チームの課題を達成することと言い換えることができます。チームは，その目的を達成するために，様々なかかわりをもつのです。よって，学級に必要な相互作用も，課題達成を目的として起こってくるものだと考えられます。

　近年は，学級崩壊や子どもたちの学校における関係性の問題が取り沙汰されるようになり，学級づくりの目的が，人間関係づくりとされる傾向がありますが，本来の学級づくりの目的は，子どもたちの仲をよくすることではありません。学級の本来的な在り方は，学習課題や生活課題を解決する，課題解決集団であると考えられます。

学級は，子どもの居場所としての機能が注目されていますが，それは，居場所が確保されることで，子どもたちの能力が開発されやすくなるからであり，関係性が向上することで，達成への意欲が高まるからです。つまり，学級というところは，単なる居場所ではなく，子どもたちにねらいとする能力をつけるという課題をもっている場所なのです。

> 学級づくりの目的は，子ども集団を課題解決集団に育てること

だと本書では考えています。

課題解決集団に育てるための３条件

　子ども集団を課題解決集団に育てるためには，次の三つの条件が必要です。

① **方向性**
② **関係性**
③ **役割・ルール**

　①の方向性，これは課題のことです。集団に共通の課題です。言い換えれば，

> 一人では解決できない課題

です。
　一人では解決できない課題ですから，解決するためには協力し合うことが求められます。学習や学級生活は，まさに子ども集団に一定の方向性を与えるための課題だと言えます。逆に言えば，子ども集団を課題解決集団にするためには，学習や学級生活を子どもたちの共通の課題に再構成していく必要があります。
　子どもたちの目の前に，共通の課題が提示され，それに取り組もうとする時に協力が起こります。一人ではできないからです。協力するためには，

様々なコミュニケーションが必要となってきます。おしゃべりのレベルから，自己主張や傾聴や交渉や依頼や妥協などの高度のレベルまでです。つまり，一人では解決できない課題を解決しながら，そこで子どもたちは生きていく上で必要とされる価値観や態度やスキルを学びます。

この学びこそが，子ども集団を適切に育てることの意味の中核をなすと言っていいでしょう。それが②の関係性です。課題解決集団に求められる関係性とは，単に仲がいいことにとどまらず，われわれが生きていく上での基本的な能力に立脚した能力だということができます。仲のよさは必要です。仲が悪いよりもよい方が圧倒的に課題解決において有利になります。しかし，そこがゴールではないのです。あくまでも，仲のよさは通り道なのです。

もう一方で，効果的に課題を達成するために求められるのが，③の役割やルールです。野球やサッカーのチームには，それぞれポジションがあります。それぞれがそのポジションの役割をきっちりと達成してこそ，課題の達成があります。当然，そこには守るべきルールがあります。

学習課題や生活課題の解決においても，役割が明確な方が効果的に課題を達成できます。掃除をするにしても給食当番をするにしても，役割があることでスムーズに仕事を遂行できます。イベントを実行するにしても，問題を解決するにしても，リーダーがいてフォロアーがいて，成功します。

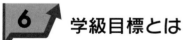

6 学級目標とは

こうして考えてくると学級目標とは，何なのかが見えてきます。学級目標とは，子ども集団を課題解決集団に育てるための方向性，つまり，共通の課題だと言えます。群れのような状態になっている子どもたちに，課題解決集団になるための方向性を与える課題です。課題解決集団になることを目指して，クリアすべき指標が学級目標だと言えます。学級生活を送り，つくっていくことは，まさに一人ではできない課題です。

目標と目的は違います。目的は，最終的に目指すべきゴールです。目標は，

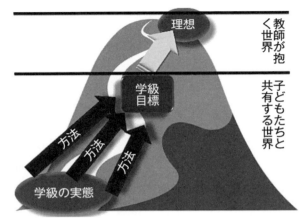

それを達成するための道標です。つまり、学級目標とは、子どもにとっては目的的な役割をもちますが、教師にとってはあくまでも目標なのです。図で示すように、学級目標を達成することが学級づくりのゴールではないのです。学級目標は、教師の学級を育てる戦略の中にしたたかに位置付けられるものです。

したがって、

> 学級目標は課題解決集団の育成というゴールにたどり着くための、子どもたちと共有する道標

なのです。

学級目標が年度当初に決められたまま、振り返られることのない豪華な掲示物でいいはずがありません。学級目標は、様々な学級における活動と連動して、活用されるものであることが本来の姿です。

本書では、各実践家から、学級目標を「どう捉え」、「どうつくり」、「それをどう集団づくりの中で活用していくのか」という具体例を示してもらいました。きっとみなさんの生きて働く学級目標の作成と活用に役立つことと確信しています。

7 スタートの意味

物事を始めるにあたってスタートは極めて重要です。
ロケットの打ち上げのほんの数ミリの誤差が、着地点を大幅に変えてしま

うことがあります。どんな考えをもって始めるかということが，物事を始める上でとても重要だと言えます。

　学級目標を決めるという前に，ぜひ，自分の学級づくりにおいて，学級目標とはどんな意味があるのだろうかと考えてみてください。そして，次にその考え方を実現するには，どんな学級目標のつくり方がいいのだろうかと検討してみてください。そして，最後に，そのつくられた学級目標を活用するには，具体的にどんな場面があるのだろうかと構想してみてください。最後に確認したいのは次のことです。

> つくらなくてはいけない学級目標をつくっているうちは，学級目標が機能することはない。集団づくりにおいて学級目標が本当に必要だと思ってつくる学級目標は，子どもたちを理想の集団に導き得る。

（赤坂　真二）

第2章

最高のチームを育てる学級目標 作成マニュアル＆活用アイデア

小学校低学年

魅力的な学級目標と学級が育つシステム

1 学級目標とは

　今，目の前に10人の正義の味方がいたとします。正義の味方は，基本的に「孤高のヒーロー」です。正義の味方ですから，一人一人は正しい考えをもち，その優れた力で人々を守ります。しかし，一人一人の正義は違います。だから，正義はしばしば対立をします。「この人は助けるべきだ！」いや「助けることはその人のためにならない！」，互いに正義を背負っているので，一歩も譲りません。互いの正義を実現するためにやがて，互いに傷つけ合いを始めます。

　このヒーローたちを，まとめるためにはどうしたらいいでしょうか。

　それは，意外と簡単です。悪役を登場させればいいのです。上のイラストのような正義の味方同士の争いの場面に，強大な敵が現れたらさすがに互いに争っている場合ではありません。次ページのイラストのように，一斉に敵を見据えるはずです。そして，目の前の敵を倒すために敵に向かっていくでしょう。しかし，一人では歯が立たないとわかると，次に，力を合わせることでしょう。

　だから，敵は強い方がいいのです。弱かったらヒーローたちは力を合わせる必要がありません。敵が強ければ強いほどいいのです。相手が強いほどヒ

ーローたちは協力します。

　つまり，強力な敵が出現することによって，「孤高の存在」は，手に手をとって，「チーム」になります。

　学級目標の機能も，基本的にこれと同じ構造です。もちろん，学級目標は敵ではありません。それは，共通に目指す目的という意味です。

　第1章の理論編にも書いてありますが，学級目標は，教師にとっては，理想の学級という目的を実現するための目標ですが，子どもたちにとっては，学級目標こそが理想であり，目的です。目的をもつことによって，群れ，時には「烏合の衆」ですらある子ども集団がチームになります。

　学級がチームとして機能するためには，そこに協力関係が必要となります。協力関係を構築するためには，「役割」と「良好な関係性」が必要となります。関係性が悪かったら，協力すること自体が難しくなります。しかし，最初から，良好な関係性がある場合はまれです。ですから，目的を達成する活動を通して，良好な関係性を育てていくというのが現実的な姿です。

　その時に役割が明確な方が，互いのやるべきことがはっきりして，競合関係に陥りにくいです。目的だけがあっても，そこに役割分担がないと，役割を奪い合ったり，そこで活躍できない場合があったりして，その不全感が関係性を悪化させます。役割分担をして効率的に目的に向かうと，成果が出やすいです。よい成果を出せば，それだけさらに良好な関係性も生じやすくなります。

　このように，チームに必要な3条件である

①方向性　　　②関係性　　　③役割・ルール

は，目標である方向性が示された時に，良好な関係性や役割の必要性が発生

してくるという構造をもちます。したがって，学級がチーム化するために最初に必要なものが，子どもたちにとっての学級の理想像である学級目標であると言えます。

学級目標は，スローガン的な存在であることが多いです。ですから，それを直接実現することは難しいです。よって，学級目標をより具体的な姿で表現することが必要となります。「勉強ができるようになる」という目標は，「次のテストで90点以上を取る」という下位目標によって具体化します。その下位目標の達成の連続によって，抽象的な上位目標の達成を実感させるようにします。

本稿では，1年生の学級目標づくりのシナリオとそれに基づきどのような活動をしくみ，子ども集団をチーム化したのかを紹介します。

子ども集団をチームにする学級目標

(1) 学級目標を決める

私は，大抵学級開きから1か月以内に学級目標をつくってきました。早い時は，3日でつくったこともあります。しかし，1年生の場合は，2か月くらいしてからその作業を始めました。学級目標とか集団行動よりも，まず学校に慣れることが最優先です。そして，集団をまとめることよりも，まず，一人一人と関係性をつくることが先です。だから，2か月間は，学校に適応する時間，個とつながる時間をたっぷりとるようにしました。

給食に慣れ，遠足も経験し，そこそこけんかやトラブルも起こっていた5月の下旬，子どもたちに言いました。

> みなさんは，この1年3組をどんなクラスにしたいのですか？

すると，5，6人の手がバッと挙がりました。しかし，そこは制して少し待ちました。一人でも多くの子どもから意見を言ってもらいたいと思いました。数分してから，「それでは，どうぞ」と言うと，20人ほどが挙手をして

発言しました。同じ内容もありましたが，出された意見を全部黒板に書きました。

　他の学年の場合は，短冊に意見を書かせて，それを黒板に貼り出します。しかし，まだ文字を書くことにとても抵抗のある子もいましたし，この活動自体をよく理解していない子もいるのではないかと思いました。だから，まずは，言える子，言いたい子から意見を集めることにしていました。

　次に，

　　同じこと，言っているものはない？

と聞くと，

　「『ちゃんと席に着く』と『勉強する』は一緒」

　「『楽しい』と『明るい』は一緒」

　「『けんかしない』と『優しい』は一緒」

などと，的確にまとめてくれました。

　出された意見はすべて，何かしらの意見に含めていました。20以上の意見が次の五つにまとめられました。

　①やさしい３くみ
　②べんきょうする３くみ
　③たのしい３くみ
　④かっこいい３くみ
　⑤りっぱな３くみ

　厳密に分類すれば，おかしなものもあるにはありましたが，何よりも大事にしたかったのは，

　①　子どもたちの言葉で，子どもたちがまとめること。
　②　出された意見のすべてを採用すること。

でした。１年生でも，「自らの手でよりよい生活をつくる」集団になってほ

しかったからです。ここで終わってもよかったのですが，次の手立てのことがあり，この五つをさらにまとめるために声をかけました。

「『しっかり勉強すること』や『優しいこと』って，いいことだね。これを，さらに一つにまとめられるかな？」

子どもたちは口々にいろいろ言っていましたが，誰かが

「りっぱ！」

と言いました。あちこちで，「いいね」「いいね」と言っていましたが，ある子が，こう言った瞬間に，教室が沸きました。

「全部，りっぱなことだよ！」

子どもたちは，口々に「そうだ」「そうだ」と言っていました。

そこで，次のように言いました。

> みんなの言ったことをまとめると『りっぱなクラス』ということだね。
>
> みんなの言うりっぱなことって，優しくって，勉強して，楽しくて，かっこいいことなんだね。

こうして１年３組の学級目標は，「りっぱなクラス」になりました。

(2) 学級目標を魅力的にする

飾っておくだけの学級目標では意味がありません。学級目標が，本当に子どもたちをチーム化するために機能するには，ここからが勝負です。

ヒーローという存在にとっては敵は，ある意味「魅力的な存在」です。なぜならば，ヒーローに役割を与え，その能力を存分に発揮させてくれます。敵を倒すという動機づけがあるからこそ，役割や良好な関係性が生じるのです。

敵という存在が，ヒーローの正義に基づく行動を喚起するように，学級目標も，子どもたちの目的を達成したいというような存在にすることが必要です。子ども集団がチーム化するためには，常に，目標に向かうという志向性が必要なのです。わかりやすく言うと，

いつも，学級目標を達成したい

と思わせることです。そのためには次の条件が必要だと考えています。

① 学級目標を価値のあるものにする。
② 学級目標達成の見通しをもたせる。

　達成することに意味があるものだと認識すれば，子どもたちはその達成のために行動するでしょう。しかし，あまりにも困難で達成の見通しが立たない場合には，達成しようとは思わないでしょう。また，逆に，達成が容易に思えても，達成することに意味がないと見なした時は，子どもたちはやはり達成しようとはしないでしょう。

　子どもたちが，達成したくなる学級目標とは，達成する意味があり，達成の見通しが立つものなのです。

(3) 学級目標のキャラクター化

　学級目標を価値あるものにするためには，前に述べたように，子どもたちの総意で決めるということが最も大切な要件です。しかし，私は，ここにもう一工夫が必要だと思っています。

　子どもたちは大人と違って，話し合いにいつも主体的に参加しているとは限りません。また，大人が主体的に参加しているかどうか別としても，大人は話し合いの意味を理解しているので，そこで決まったことはとりあえず尊重しようとするでしょう。しかし，子どもたち，それも，こうした話し合いの経験値が少ない子どもたちほど，話し合いの意味がよく理解できないことがあります。

　だから，学級目標を身近なものに感じるようにして，「好きだから挑戦しよう」といった側面からアプローチすることも必要だと思っています。そのために，私がとってきた戦略は，

学級目標をキャラクター化

することです。

　私たち日本人は，キャラクター好きの国民と言われます。全国に溢れるほど存在する「ゆるキャラ」を見ていれば，それは容易に理解できると思います。都道府県の公認キャラからスポーツのチームにいたるまで，キャラクターだらけです。こうした，シンボルによって，メンバーの凝集性を高める戦略は，従来から採用されてきたようです。最も普遍的でポピュラーな存在が，国旗ではないでしょうか。

　子どもたちに問いかけました。

> みなさん，『りっぱ』な３組にピッタリのキャラクターってなんでしょう。

　意外とこの質問は，難しいことがあり，６年生でもなかなか出ないことがありました。しかし，柔軟性抜群の１年生は，しばらくするとどんどん手を挙げ意見を出しました。

　当時の流行を色濃く反映していました。

| ・ピカチュウ | ・ポケモン | ・ゼニガメ | ・こいのぼり |
| ・ライオン | ・だんご３兄弟 | ・ピッピ | ・プリン　などなど |

　他にもたくさん出ましたが，その多くが当時大流行していたポケモンのキャラクターでした。一方少数ですが，ポケモンを知らない子どもたちもいました。そこで，理由を尋ねました。ポケモンに詳しい子どもたちは，説明しました。

　「ポケモンの話は，ポケモンが戦いを通してたくましくなって強くなっていく話だから，ぼくたちもりっぱになって進化したい」

　「なるほど」，と思いました。彼らの熱意もあって，ポケモンは大多数の支持を集め，採択されました。

　ここで学級のニックネームが決まりました。

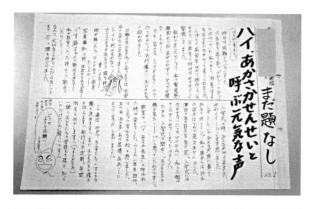
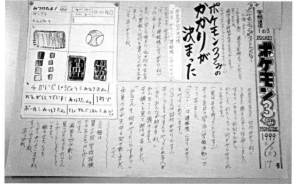

学級通信

「ポケモン3くみ」

ここから，学級目標定着のための作戦が始まります。

入学初日から，学級通信を発行していましたが，そのタイトルは「題なし」でした。

子どもたちや保護者から

「先生，これじゃ，せっかくのお便りも台無しだよ」

なんて笑われながらも2か月間この日を待っていました。

「今日のお便りは違うよ〜」

ともったいぶりながら，「ポケモン3くみ」のタイトルの入ったお便りを配ると子どもたちは，「おお，すげ〜」と歓声を上げました。

もちろん学級目標もつくりました。また，学級旗を作ることも告げて，アイデアを募集しました。応募作品から，話し合ってよいところを集め，デザインを決めました。一番人気のポケモンを真ん中に大きく描き，その周りに一人一人のお気に入りのポケモンの影を描きました。その影の下には，子どもたちのサインも入れました。ちなみに影にしたのは，影ならば，ポケモンが苦手な子も描けるという配慮からでした。

学級としてのまとまりやみんなを意識することが難しい1年生が，それら

を意識するためには，当時の子ども文化を一世風靡した感のあるポケモンは，とても有効なキャラクターだったと思います。

(4) 学級目標の評価

　しかし，これだけでは，学級目標を盛り上げただけです。ポケモンが印象的なだけに，既存のキャラクターのポケモンと学級目標が乖離する恐れすらあります。

　そこで，学級生活や学習が落ち着いてきた2学期から，学級目標の評価活動を始めました。2学期早々にPTA主催のバーベキュー大会がありました。PTA行事には少し心配がありました。これまで，わりとしっかりした子どもたちでもPTA行事になると，甘えが出るせいか，「ぐだぐだな」姿になる子どもたちを見てきました。それは，中学年でも高学年でもです。

　「親と一緒の時ぐらいいいではないか」という意見もよくわかります。しかし，私は，行事は子どもを育てる機会だと考えているので，たとえPTA行事でも，1年生でも，ルールやマナーを守って行動してほしいと思っているのです。

　バーベキューが始まる前に子どもたちに言いました。

> 　おうちの方々は，忙しい中，みんなと楽しむために時間をかけて準備をしてくださいました。だから，待っている時に「まだ〜？」とか，食べ終わってすぐに「帰りたい〜！」と言って，楽しいムードを壊してはいけません。
> 　力を合わせて，みんなが楽しくなるように行動するのです。そうやって力を合わせることを「協力」と言います。

　さて，子どもたちはどんな行動をしたでしょうか。9月といえど，場所はグラウンドです。初秋とは思えぬ夏の名残を感じさせるほどに気温は上がっていました。しかし，その時に子どもたちを見ていて
　「すごい！」
と思いました。

暑さの中でわがままを言うことなく，親御さんに協力をしていました。「おうちの人が来ない子を一人にしてはいけない」ということも言っておいたのですが，それも実によく守っていました。ある子は，家族が来られない子と常に行動し，一緒に食べたり遊んだりしていました。
　そんな子どもたちに，私は，プレゼントをすることにしました。それは，
「３くみオリジナルポケモン」
です。こんなふうにアナウンスしました。

> バーベキューの時にみなさんはとても「りっぱ」でした。つまり，ポケモン３くみのめあてを達成したのです。君たちは今日，１匹目のポケモンをゲットしました！　その名は「きょうりょくポケモン，キョーリキー」です‼

３くみオリジナルポケモン

　写真の右から２番目が，最初の１匹目の「きょうりょくポケモン，キョーリキー」です。安易なネーミングのいかにも間に合わせの作品でしたが子どもたちは大喜びでした。

> もっとポケモンをゲットして，もっとりっぱなクラスになろうね。

と言いました。

この後，バーベキューでできなかったゲームをしました。
「先生，このゲームが成功したらポケモンゲットできる？」
「どうかなぁ…」
なんて，やりとりでゲームは始まりました。思えば１学期は，こうしたゲームをすると参加できない子どもたちが多数いました。途中でけんかして座り込んでしまったり，やり方がわからなくて泣いたりいじけたりして，ゲームが最後まで成り立つということが難しかったです。しかし，当日は見事に楽しみ，早速２匹目のポケモンをゲットしました。

ポケモンゲットのシステムは極めてシンプルです。

最後のポケモン

① 帰りの会で，学級の立派な姿を子どもたちや教師が推薦する。
② ８割が賛成すればポケモンゲット。
・基準の８割は話し合いで決めた。
・反対派の理由を丁寧に聞いて，安易に認めないようにする。

３学期，子どもたちは教室に飾られた120体以上のポケモンを眺めながら，自分たちの成長を感じていたようです。ちなみに彼らが最後にゲットしたポケモンが「アカサカー」でした。

（赤坂　真二）

2 いつも心に学級目標を

1 私にとって学級目標とは

インターネットの質問サイトで「学級目標」を検索してみました。

- 学級目標なんて正直どうでもいい。でも,絶対に意見を言わなきゃならないので困っている。無難な言葉を教えてほしい。
- あなたのクラスの目標を教えてください！　参考にします。
- 司会だけど,みんな意見を言わず困っています。
- 家で考えて来いと言われたけど,全くよい案が浮かばない。
- 今,中1です。中1らしいよい案はありませんか。

　どんな学級目標にすべきかをネットで尋ねる時代になったのかと,私は大変驚きました。その人がどんな人なのかも,そこがどんな人の集まりなのかも,どんな願いをもった集団なのかも全く知らない赤の他人がそれなりにアドバイスして,「ありがとうございました。助かりました」なんてやりとりがされているのです。質問者はきっとそれを教室で発表するのでしょう。そして多数決なんかで聞き心地のよい言葉が選ばれ,「学級目標」として掲げるのでしょう。遠くないですか,目標と学級の距離。あるいは,言葉と思いの距離。

　学級目標とは,言い換えると教師と子どもが思い描く未来像です。自分はどんな学級で過ごしたいのかとか,この学級にどんな期待をするのかとか,どんな願いをもっているのかとか,瑞々しい個人の思いの結集こそが学級目標だと私は思います。だから,ネットで赤の他人がアドバイスできるようなものではないのです。そこに全員の希望や願いや未来への期待が凝集されて

いるとすれば、稚拙な表現でも、ありきたりの言葉でも、よいのだと思うのです。

では、出会ってすぐに学級への愛着とか所属感は湧くものでしょうか。異動で勤務校が変わったことを思い浮かべるとおわかりのように、校風や職員の人柄に触れたり、子どもや保護者のよさを感じたりする中で、徐々に学校への愛着が湧くものではないでしょうか。学級も同じです。教室の雰囲気や友達や先生との関係を紡ぐ中で、徐々にこの学級っていいなあと思い、好きになり、もっとよい学級にしたいと思うのではないでしょうか。そしてその学級への愛着こそが、よりよい学級未来像につながるのではないでしょうか。

そういった意味で、学級目標を決めるのは4月すぐではなく、5月の連休明けから終わりにかけてが適時ではないかと思います。自分もこの学級の一員であるという自覚や所属感があって、初めて自分ごととして学級目標を考えることができるのではないかと考えます。

2 学級目標再現　完全シナリオ

(1) まずは場づくり

話しやすさは、場の雰囲気によって決まります。机をよけ、円形に椅子を並べることで互いの顔が見え、一体感が生まれます。机の並べ替えは、低学年にとってはなかなか大変な作業です。そこで次のように黒板に書きます。

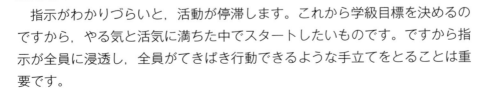

指示がわかりづらいと、活動が停滞します。これから学級目標を決めるのですから、やる気と活気に満ちた中でスタートしたいものです。ですから指示が全員に浸透し、全員がてきぱき行動できるような手立てをとることは重要です。

(2) **学級目標とは何か**

> これから，学級目標を決めます。学級目標とは，こんな学級だったらいいなあ，こんな学級にしたいなあというみんなの願いを込めたものです。

低学年にとって，学級目標の概念を理解することはたやすいことではありません。言葉だけではなかなか理解できないかもしれません。イメージ図を描きながら説明すると，担任していた2年生は，「将来の夢みたいな感じ」と表現しました。これが子

もたちにはわかりやすかったようで，一気に理解が進みました。

しかし，学級目標とは何かを理解しないまま話し合いに突入すると，自分がかっこいいと思う言葉探しや自分が好きな言葉探しに終始します。一人一人がいかに必要感をもって，自分ごととして考えられるようにするか，一人ではなく「みんな」の「願い」であることをしっかり押さえることは重要です。

(3) **イメージを共有する**

> このクラスにどんな人がたくさんいたらいいなと思いますか。

近くの子と自由に話させた後，全員に発表させます。「面白い人」「元気のいい人」「優しい人」「強い人」など，子どもたちはラベルで発表します。それをすべて板書しながら，具体的にはどのような場面でどんな行動をとる人なのかを尋ねます。

「例えば，誰がどんなことをした時に面白いと思ったのですか」
と尋ねると，山田君が面白い顔をして2人で笑ったとか，テレビ番組のものまねをして面白かったとかという具体的な姿が語られます。この場合だと，「笑い」とか「一緒に」というキーワードが浮かびます。チョークの色を変えてキーワードを記していきます。

「面白い人」「元気のいい人」とラベルでくくられた人物像は，抽象的です。ぼんやりと何となく思う，という程度です。しかし，面白い人が多いといいと思う背景には，きっと面白い人との楽しかった思い出や面白かったエピソードがあるはずです。幸せな経験があるからこそ，面白い人が多いとよいと考えるはずです。それを尋ねると，なぜ面白い人がよいのかという根拠がわかります。面白い人の価値が見えるのです。

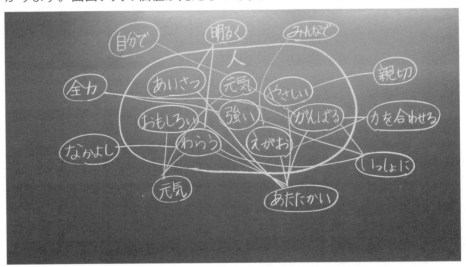

(4) イメージを具体化する

　私が担任していたクラスでは，次のようなキーワードが出ました。
　　・力を合わせる　・親切　・いっしょに　・あたたかい　・元気　・がんばる　・なかよし　・全力　・自分で　・明るく　・みんなで

　キーワードの隣に「まるで〇〇みたいな学級」と書き足し，次のように発

問しました。

> 明るくて一緒に笑っていてあたたかくて，うれしかったりほっとしたり頑張ろうって思えたり，仲良しだよ，大好きだなありがとうという気持ちになるものって，なんでしょう。

　子どもたちから出されたキーワードを，目に見える具体物に変換します。なぜ具体物かといえば，キーワードは行動や状態を表す言葉だからです。それらをそのまま目標にすると，「なかよし」「元気」「がんばる」等のように，瞬間瞬間の行動に対する目標にしかなりえません。学級はその時々で途切れているものではなく，すべてがつながって続いているものです。瞬間瞬間が積み重なって「学級」がつくられていきます。つまり，目の前にやってきた瞬間を過ごすのではなく，つながりの先にある像に向かって，やってきた瞬間をいかに過ごすかということです。だから，行動は手段であり目標にはなりえないと考えます。

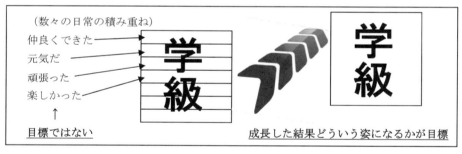

　とはいえ，「像」とは何かを理解するのは，２年生にはなかなか難しいもの。突拍子もない意見（ジャニーズの「嵐」という意見も…）が出されたり，それは「像」じゃないよ（みんなで頑張る，とか…）と突っ込みたくなる意見が出されたりしました。紆余曲折を繰り返しましたが，そのたびに説明し直し，その積み重ねが結果としてみんなの理解を深めることになりました。話し合いの結果，学級目標は「たいようがっきゅう」となりました。あたたかくポカポカしていてみんなが幸せになる太陽。頑張る時には熱く燃える太

陽。自分も頑張るけれど，そのことによってみんなも一緒に元気になっていく，そんな太陽のような学級になろうと話し合いました。

3 学級目標を学級づくりにこう活かす！

(1) まずは，見せる

全員の思いの象徴として「たいようがっきゅう」という目標ができました。目標ができあがる過程において，「たいようがっきゅう」という言葉に対する思いをもつことはできました。決まった目標は教室内に掲示しますが，ここで安心してはいけません。時折，学級目標を掲示しただけで満足し，その後，学級目標は単なる飾りとなっている事例を目にします。苦労してよい学級目標ができたとしても，掲げているだけであれば，ただの飾りに過ぎません。子どもたちにとっても何の影響力もありません。目標に愛着をもち，自分のものとして感じられた時に，初めて目標が目標として意味をもちます。

```
たいようがっきゅう
・みんなで　力をあわせる　なかよく
・あったかい　しんせつ　やさしく
・元気　あかるく
・がんばる　全力で　じぶんで
```

常に意識できるようにということで，話し合った内容を名刺サイズの大きさにまとめ，ラミネートをかけ，全員の机右上に貼りました。ポイントは，「たいようがっきゅう」という意見に集約される前のみんなの「思い」を入れたことです。低学年は，目の前にないものへの意識が薄いものです。日々目に触れるようにすることで，意識化を図りました。「たいようがっきゅう」とは，具体的にどんな学級なのかを忘れないこと，一人一人が共通にイメージできることが肝要だと考えます。

(2) 次に，日常化する

毎日の朝の会のプログラムに「たいようタイム」という時間を設けました。

「たいようタイム」のコンセプトは，太陽のようになれることをする時間です。曜日によってプログラムを変えていました。

　月曜日は，「いいねタイム」。隣同士で今週頑張りたいことや楽しみなことを話します。聞き手は必ず「いいね！」と相槌を打つのが決まりです。最後は「できるよ！　頑張って」とか「楽しみだね！」とか，プラスの言葉で締めくくることにします。

　火曜日と木曜日は，「お歌タイム」。音楽の時間に歌った曲を中心にみんなで歌います。時々リフレクションタイムを取ることで，声を揃えて歌ったり，みんなで同じ歌を歌ったりすることの価値を確認し合います。

　水曜日は，「つながりタイム」。日直の合図で角の席の子をスタートに後ろの子と手をつないでいきます。この時，

　「今日もよろしくね」

と言ってにっこり笑うのがルールです。後ろまで行ったら前につなげてというようにつながっていき，最後の子は担任と手をつなぎ，担任は最初の子にエアタッチで合図しながら

　「今日もよろしくね」

と言います。

　金曜日は「ほめほめタイム」。グループ全員で向かい合います。４人グループなら，一人に対して残りの３人が順番にこの１週間の頑張りをコメントしていきます。順番に全員がコメントしてもらうこと，些細なことでも構わないのでプラスのコメントをすることがルールです。

(3)　だから非日常とリンクする

　運動会や学習発表会といった行事は，何か特別で日常から切り離されたものと捉えがちです。が，決してそうではありません。行事は非日常の活動ではありますが，日常生活の延長線上にあるものです。日常の積み上げがあるから行事で成長し，行事で成長するからその後の日常での積み上げも大きくなるものだと思います。

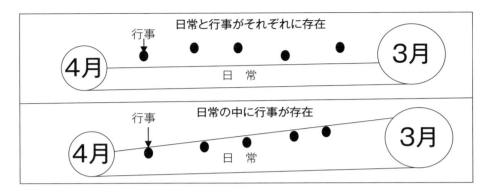

　10月の学習発表会に向けて，学級での目標を考えました。最初は「けんかをしない」「一生懸命練習する」「先生に注意されないようにする」というものが出てきました。
　そこで，全員に目を閉じさせ，教師の言うことをイメージするように指示します。

> 　みなさんは，タイムマシンに乗って，10月5日の世界に来ています。体育館ではちょうど今，みなさんの発表の最中です。さあ，自分を探してください。いましたか？　自分は今，どんな様子ですか？

　そう言って目を開けさせ，想像したことをペアで交流させます。その後全体でシェアしますが，最初は「ピアノを弾いていた」「歌を歌っていた」と言います。そこで
　「どんな顔をしていた？　どんな様子だった？　どんなふうに弾いていたの？」
と尋ねると，「楽しそうに弾いていた」「一生懸命歌っていた」等と返ってきます。再度目を閉じさせ，次のように言います。

> 　みんな楽しそうに一生懸命演奏したり，歌ったりしています。さあ，客席を見てみましょう。たくさんのお客さんがみなさんのことを見ています。お客さ

> んはどんな様子ですか。

　同様にペア・全体で発表させます。お客さんを意識させることで、発表は人に見ていただくものだという意識をもつことができます。子どもたちからは「うれしそう」「すごいなあって言っている」「上手だなあって思っている」という意見が出されました。最後にもう一度だけ目を閉じさせ、次のように問います。

> 　みなさんの発表が終わりました。お客さんはみんなにこにこして拍手をしています。中には、感動して泣いている人もいます。この時、みんなはどんな様子ですか？　どんな顔をしていますか。

　子どもたちからは次のような発表がありました。
・みんな笑っていてうれしそう。
・よくやったなあって顔をしている。
・頑張ったなあ、という顔。
　三つの質問で、学習発表会をイメージすることができました。理想像を共有したと言ってもいいでしょう。その後に、このように聞きます。

> 　どんな学習発表会にしたいですか。

　そうすると、子どもたちは、イメージしたことを拡大して意見を言います。
・かっこよかったよって言ってもらえる学習発表会
・お客さんがにこにこしている学習発表会
・頑張ったぞ！　と自分が思う学習発表会
・発表してうれしくなる学習発表会　など
　話し合いの結果、「みんなにこにこの学習発表会にしよう」という目標に決まりました。そして、「みんなにこにこの学習発表会」にすることは、つまりは「たいようがっきゅう」に一歩近づくということだと説明します。

　　第2章　最高のチームを育てる学級目標　作成マニュアル&活用アイデア　小学校低学年　41

(4) **振り返る**

　学習発表会が終わった後，自分がどのように頑張ったかを振り返ります（ワークシート参照）。その後，次のように尋ねます。

> 2年1組は「たいようがっきゅう」に近づきましたか。

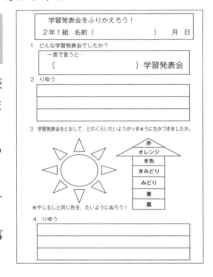

　近づき度合いを矢印に着色することで表現させ，そう考えた理由を文章で書かせます。
・みんなで頑張ったら，楽しかったから（近づいた）。
・頑張ってすごく大きな声でセリフが言えたから（近づいた）。

　ペアで交流した後全体でシェアし，行事を通してまた一歩「たいようがっきゅう」に近づいたことをみんなで喜び合います。

（宇野　弘恵）

いつも意識できる学級目標づくり

1 私にとって学級目標とは

(1) 目標の３要素

　学校教育の中で行われる活動には，必ず目標があります。それは「このような子どもに育てたい」「子どもにこの力を育てたい」という願いを具体化したものです。目標は，目標設定の指標，教師の願い，子どもの実態の三つの要素を含んで設定されます。

　目標設定に必ず含まれるのは，文部科学省が国の水準として定めている学習指導要領です。日本のナショナルミニマムといってもよいでしょう。これを元にして都道府県の教育目標も定められています。そして市区町村の教育目標，学校教育目標につながっています。特に学校教育目標には，その学校で育てたい子ども像が示されています。学年目標，学級目標も学校教育目標を具体化して決められています。つまり学習指導要領と学校教育目標を柱に学級目標は設定されます。

　そして学級目標には，「このような子どもに育てたい」という担任の願いが加えられます。教師には，「元気な声で挨拶できる」「笑顔で毎日過ごしている」など，必ず「理想の子ども像」があります。それを具体的に文章化して，子ども像を明らかにします。例えば私の目指す子ども像は，

> 「自分を愛し，自分に厳しく，他の人を慈しむことができる人」

です。これを学校教育目標に加味していきます。

　この二つに，子どもの姿を照らしてみます。子どもが既に到達していたり，逆に子どもにとって到達が困難だったりする目標はふさわしくありません。

子どもの発達段階にふさわしい目標を設定しましょう。

(2) 目標と振り返り活動

　そして学級目標は，学級経営の中での指標となることはもちろん，子どもの自治的活動などの，振り返りの指標にもなります。子どもたちが活動をした後に，その活動が成功したかどうかの指標となるのです。目標は，振り返り活動とセットとなると考えましょう。

　そして振り返り活動は「見通し・振り返り」学習活動の充実として，現行の学習指導要領の第1章総則「第4　指導計画の作成等に当たって配慮すべき事項」の2の(4)で「各教科等の指導に当たっては，児童が学習の見通しを立てたり学習したことを振り返ったりする活動を計画的に取り入れるよう工夫すること」として明示されています。この延長線上に学級目標の振り返り活動は位置していると考えましょう。

　また，振り返り活動は目標について，子どもが自分の到達点を自己評価する活動であることを押さえておきましょう。

(3) 全体目標と個人目標

　一学期の振り返りをしました。僕が見つけたのは，同じことをしてもできていた時と，できていなかった時があることです。B君は「やろうと思ってやった時と，そうじゃなかった時があった」と言っていました。僕もきっと，そうだったんだと思います。今日から，何でも「やるんだ」と思って頑張ります。

　学級の目標には，学級目標と個人目標があります。学級目標は全員で達成する目標，個人目標は一人一人が設定して達成する目標です。学級目標は年間を通しての目標です。個人目標は，学級目標を意識させて学期ごとに設定させ，学期の終わりに振り返りをさせます。学期の終わりの個人目標の振り返りは，学級内で交流させます。振り返りを交流することで，個々の振り返りに深まりが生まれるだけではなく，学級を育てることにもつながります。

44ページ下の文章は，小学校４年生の振り返りです。この子どもは，自分のできていることだけではなく，課題を見つけることで今後の目標になる視点を得ています。

学級目標作成の手続き

　学級目標は，その目標を達成するための集団を構成する子どもたちに決めさせるのが重要です。子どもは，自分たちで決めた目標は，必ず達成しようと頑張ります。子どもたちが，納得するまで話し合わせましょう。
　ここでは，その手続きについて解説していきます。

(1)　学級目標とは何かを考えさせる
　まず，学級とは何か，目標とは何かを考えさせます。その前に教師が語りで，何を考えればいいのかを導きましょう。

> 「みんなは『なりたい自分』ってあるよね。ない人も，きっと出てきます。その時に『なりたい自分』になれるように，この学級で１年間かけて，みんなで成長していきます。もちろん，その中には先生も入っています」

　そして，学級目標を決めることを発表します。その時に「目標とは何か」を考えさせ，子どもたちのイメージを統一しておきましょう。

> 「『目標』とは何でしょうか？　みんなが取り組むことには必ず『やり遂げなければいけないこと』があります。これが『目標』です。この『目標』を全員が達成できたら，みんなの取り組んだことは成功したと言えます。『目標』はこの学年のゴールです。持久走大会で全員がゴールできないと，みんなで応援してゴールできるのを待ちますよね？　『目標』も全員がゴールしないといけません。そのために学級があります。みんなは学級で何かをしている時に，どうすれば『目標』を達成できるかを考えてね。わかったことがあれば，どんど

ん発表して友達や先生に教えてくださいね。そうやって全員でゴールできるように学んでいきましょう」

　目標とは何かの共有ができれば，子どもたちは「目標にするべきこと」がわかるので，目標を考え始めます。ここで時間を取って，しばらく考えさせましょう。

(2)　キーワードを引き出す

　次に，子どもたちにワークシートを配ります。そして，学級目標を決めるためのキーワードを書くことを指示します。

　「1年後に，みんながなりたい自分になれるように目標を決めます。大事だと思う言葉を書いてみましょう」

　学級目標は，1年間の学級経営の指針となるものです。学級目標を決める時は「凛」とした態度で指示を出すようにしましょう。

　こうすることで，子どもの中で「何が大事なことなのか」を考えるようになります。また「低学年に優しくする」「忘れ物が0になる」など，細かな文章にすると話し合いの時の擦り合わせがうまくいきません。キーワードにして書かせるようにしましょう。

　そしてワークシートに書いたキーワードを元にして，どのような学級目標になるかを話し合います。この時の教師は，子どもから出てくる意見をまとめる役割と言葉の解説を担い，話し合いには介入しないようにしましょう。

　子どもによっては自分のイメージを言葉にできにくい場合があります。この時は，教師が子どもの思いを引き出すような発問をしましょう。

(3)　キーワードに意味をもたせる

　次にキーワードで出てきた言葉に一つずつ意味をもたせます。この時には，教師は「どうなるの？」「どんな意味？」「それだけなの？」など，どんどん

46

子どもの意見に食いついていきましょう。そうすることでキーワードが洗練されて，意味が明確になります。この意味が明確になることで，目標がさらに具体化され，子どもたちにも理解しやすくなります。そして目標が多くの意味をもつようになります。

　以下の例は，小学校2年生で学級目標を決める時の様子です。

> T「みんなの言っている『えがお』って何だろう？」
> C「笑った顔です」
> T「では，みんなが『えがお』だったら，どうなるの？」
> C「明るくなるよ！」
> T「それだけ？」
> C「明るい顔を見たら元気になります」
> C「元気になったら，頑張れます」
> C「明るい顔を見たら楽しくなります」
> T「では『えがお』には，『明るくなる』や『元気になる』『頑張れる』『楽しくなる』という意味があるんだね」

　話し合いを進めると「えがお」だけで，四つの意味をもつようになりました。同じように「ゆうき」が学級目標の候補になりました。これは「えがお」とは逆にキーワードを組み合わせて生まれた言葉です。

> T「『苦手なことに挑戦する』や『ガマン！』という言葉があるけれど，一つにできないかな？」
> C「たぶん『頑張る』と同じだと思います」
> C「『ガマン！』は，『なまけない』ことだと思うけれど，『なまけない』と『頑張る』は同じですか？」
> C一同「同じです」
> C「『苦手なことに挑戦する』も『頑張る』じゃないの？」
> C「そうだと思います」

第2章　最高のチームを育てる学級目標　作成マニュアル＆活用アイデア　小学校低学年　**47**

C「じゃあ『頑張る』になると思います」

T「でも，苦手なことに挑戦しようとしたり，ガマンしようとしたりするのは
『頑張る』だけかな？　頑張ったら，挑戦できるの？　頑張ろうとする，
きっかけはないの？」

C「そうか！　お父さんが『自分に勝て！』と言っていたことだ！　でも，言
葉がわからないです」

C「『ゆうき』だ！　これは『ゆうき』だと思います」

C一同賛成

T「じゃあ，『ゆうき』には，どんな意味があるのかな？『苦手なものに立ち
向かう』『頑張れる』『ガマン！』『自分に勝つ』の他にも何かあるかな？」

C「『立ち向かう』ってどうかな」

C「いいと思います。それに『しんどいことにも全力』も入ると思います」

T「では『ゆうき』には，『立ち向かえる』『苦手なものに立ち向かう』『頑張
れる』『ガマン！』『自分に勝つ』『しんどいことにも全力』が入るんだね」

　このように，キーワードから目標となる言葉が生まれることがあります。
いくつものキーワードを出し合い，整理することでポイントとなる言葉が出
てきます。これはKJ法に似たやり方です。また途中，教師が「頑張ろうと
する，きっかけはないの？」と尋ねたのは，「えがお」に含まれる「頑張れ
る」との差別化を図るためのものです。同じ言葉でも意味が異なる場合があ
ります。この時の「えがお」に含まれる「頑張れる」は「『えがお』をきっ
かけとして，できないことにも『頑張ろう』」という意味があり，「『苦手な
ことに挑戦する』時の『頑張る』には，きっかけが見つからなかった」から
です。

　そして3回の話し合いで「えがお」と「元気」「ゆうき」という目標に入
れる言葉が決まりました。しかし，この言葉を「具体的にどうしたいのか」
がはっきりしません。そこで再度，キーワードを全員に提示して考えると，
子どもが「しんどいことにも全力」という言葉に着目しました。

C「『全力』は『えがお』や『元気』『ゆうき』にも，くっつくと思います。全部『全力』でやらなければならないからです」

この意見で「全力」を入れてまとめることになりました。もちろん「全力」にも意味付けをしています。

ワークシート例

まとめの板書例

四つの目標になるキーワード「えがお」「元気」「ゆうき」「全力」を合わせて，学級目標を決定しました。

『えがお』と『元気』と『ゆうき』を『全力』で！

これは「全力」を基礎として，「えがお」と「元気」「ゆうき」を出していこうというものです。これをイメージ図にして，子どもや保護者に提示して共通理解をします。

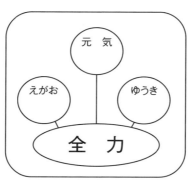
学級目標のイメージ図例

第2章　最高のチームを育てる学級目標　作成マニュアル＆活用アイデア　小学校低学年　49

決定した学級目標は子どもだけではなく，学級通信などで保護者にも伝えておきます。そうすることで学級で目指していることの説明にもなり，保護者の理解も深まります。その記事の一端をご紹介します。

> ☆★☆　学級目標が決まりました　☆★☆
> 　学級会を積み重ねること，なんと！　5回！　ついに学級目標が決定しました！　2年B組の学級目標は…
> 　　　　　『えがお』と『元気』と『ゆうき』を『全力』で！
> です。この目標にたどり着くまでに，子どもたちが本気で話し合い，意見をぶつけ合いました。それぞれの言葉には，たくさんの意味があります。この目標に向かって全員で頑張っていきます。ご家庭でも，この目標について話してあげてください。

 学級目標を学級づくりにこう活かす！

　学級目標を学級づくりに活かすには二つのポイントがあります。

> ① 　学級目標を意識させる。
> ② 　目標を軸にして振り返りをする。

　活動や行事のたびに，学級目標を具体化して当てはめて，学級目標を意識させましょう。そうすることで，子どもも活動に取り組みやすくなります。そして，その後に必ず振り返りをさせます。それによって成果や課題が明確になり，次の活動に活かすことができます。

(1)　**学期末の自己評価**
　①　**自由記述での振り返り**
　振り返りを行う時に罫線が入った紙を配布して「1学期の生活を振り返りましょう」ということが行われていることがあります。このような自由記述

での振り返りは，子どもの思考力・判断力・表現力等を育むことと，子どもの主体性を育んだり学習意欲を高めたりすることにつながります。

②　質問紙による振り返り

　しかし，自由記述での振り返りは，普段から振り返り活動をしていなければ，子どもが「何について，どのように振り返るのか」がわからず，「ぼやっ」としたものになってしまうことがあります。そのような場合は教師が質問を設定して，子どもに振り返らせましょう。質問の項目を，学習面ならば，観点別学習状況評価の４観点に対応するように振り返らせると指導要録や学期末の通知表にも活かすことができます。また，生活面の振り返りは各校，学級目標に対応させ，具体的に尋ねることがポイントです。

【質問例】
・大きな声で挨拶できましたか。
・正しい姿勢で学習できましたか。
・靴やスリッパを揃えていますか。
・掃除の時間は黙ってできましたか。
・正しい言葉遣いができていますか。
・友達と仲良く過ごせましたか。など

③　振り返りの共有

　子どもの振り返りを個人内でとどめておく場合もありますが，グループや学級で振り返りの交流をお勧めします。特に自由記述の場合は，一人一人の観点と振り返りの方法が異なります。それらを交流することで新たな視点を得たり，振り返っている内容に深みをもたせたりすることができます。また自己開示や他者理解にもなるため仲間づくりにも大きな効果があります。

⑵　１日の「生活のめあて」の中に活かす

　日常の学校生活で，１日の「生活のめあて」を朝の会などで決める学級は
多いでしょう。　この「めあて」にも学級目標を活かします。

１日のめあて「５分前行動を守る」

　この「めあて」が決まった時に，どのようにすれば守れるのかを考えさせ
ます。先ほどの「『えがお』と『元気』と『ゆうき』を『全力』で！」が学
級目標時の事例です。

> Ｔ「この『めあて』を達成するためには，どうすればいいでしょうか？」
> Ｃ「時計を見て行動します」
> Ｃ「みんなに『時間やで』と声をかけます」
> Ｔ「そうですね。では時計を見たり，声をかけたりする時に，必要なものは何
> 　　だろう？　みんなが，いつも言ってるものにあるね！」
> Ｃ「まだ遊びたいと思う心に勝つ，勇気です」
> Ｃ「全力で『めあて』を達成しようとする元気です」
> Ｔ「今日も，みんなで『えがお』と『元気』と『ゆうき』を『全力』で！　で
> 　　頑張ろう！」

　もちろん，１日の「生活のめあて」は，機会があるごとに「５分前行
動！」と重点的に声かけをします。そして，下校前の終わりの会で振り返り
をさせましょう。この振り返りの時には守れたか，守れなかったかだけでは
なく，それぞれの理由を考えさせましょう。

> 司会「１日の『めあて』の反省をします。守れた人は手を挙げましょう」
> 　　　子ども挙手
> 司会「守れた理由を発表してください」
> Ｃ「『絶対に５分前行動をするんだ』と，決めて自分の弱い心に勝ちました」
> Ｃ「みんなに笑顔で『５分前やで』と声をかけ合いました」

司会「守れなかった人は，心の中で，なぜ守れなかったのかを考えましょう」
　　全員，目を閉じて，10秒ほど時間を取る。
司会「明日は，全員が守れるように頑張りましょう」

　守れなかった子どもには理由を考えさせることで内省を促します。守れなかった理由は，守れた理由の裏返しです。守れたことだけを取り上げることで，全員が「めあて」を意識できるようにします。

(3)　日常の指導の中に活かす

　日常の指導の中にも，学級目標を活かします。授業中に姿勢が崩れた子どもがいる時に，学級目標を指差しながら全員の視線を，そちらに向けさせます。

Ｔ「今の君の姿勢は全力なのかな？　姿勢を崩さずに全力で勉強をしようとしているのかな？　自分の弱い心に負けていませんか？　自分の弱い心に勝つ，勇気を出しましょうね」

　掲示している学級目標に視線を集めて指導することで，クラス全員が目標を意識していきます。また視線をそちらに向けさせることで，注意されている子どもも，友達の視線を気にすることもありません。授業の時以外にも，朝の登校後，元気のない子どもへの声かけにも，学級目標を指差して教師のとびっきりの笑顔と一緒に「えがお！」と言うだけで元気が出てくるものです。

(4)　自治的活動の中に活かす

　学級目標は，子どもたちの学校生活の指針となるものですから，子どもの自治的な活動の指針にもなっています。「クラスのみんなで何かしたい！」という願いをもっている子どもに「何のためにそれをするのか？」を考えさせましょう。そして学級目標をよりどころとして提案するようにさせます。

第2章　最高のチームを育てる学級目標　作成マニュアル＆活用アイデア　小学校低学年　53

① 活動前の子どもの姿

　子どもは自分の得意なことで遊びたいものです。クラス会議の提案箱を設置して「みんなでやりたいことや話し合いたいことがあれば，この提案用紙に書いて提案箱に入れましょう。それをクラス全員で話し合って決めたり，話し合ったりします」と説明しても，みんなで楽しむのではなく自分の楽しいことを優先して提案します。そこで，初めての提案書が出された時に「何のために会議を開くのか？」「何のためにみんなで活動するのか？」を考えさせましょう。

○　小学校4年生
○　学級目標　【笑顔がキラキラ　みんながキラキラ　心がキラキラ】
○　提案【スーパードッジボール大会をしたい】

　はじめに提案者の提案理由を発表してもらい，それについて話し合いました。初めての提案だったので教師も話し合いに介入することを子どもたちには伝えています。

S（提案者）「僕は，スーパードッジボール大会をしたいです。理由は，スーパードッジボールはとても楽しいからです。やっていいですか？」
全員C「賛成です」
T「ちょっと待って！　それでいいの？　それだと楽しいのは提案した人だけじゃない？　本当にみんなが楽しかったら，休み時間いつもしているでしょ？」

　提案者のS君は，とても運動が得意でした。休み時間には1番に運動場に飛び出すほどです。そして，もちろんクラスの中には運動が苦手な子どももいました。その中の一人でもY君はボールを受けることができず，ドッジボールと言えば逃げることで精一杯ですが，すぐに当てられていました。教師の発言の後に沈黙が続きました。

S「でも，たくさんの人が楽しめると思います」

T「そのドッジボール大会は『みんながキラキラ』できるの？　それならいいけれど」

C「私はボールが怖いです」

　※この間，多くの意見交流がされた。

Y「僕は，すぐに当てられるし，ボールが怖くて仕方がありません。嫌です」

　※Yのこの発言で，再度沈黙になった。

T「どうすれば『笑顔がキラキラ』して『みんながキラキラ』できるのかな？やめる？」

Yと消極的だったC数名「やめます。やりたくないです」

Sと積極的なC数名「それだと何もできないと思います」

S「僕は目標を見て考えました。最初は自分が楽しいからスーパードッジボールをやりたかったけれど，それだと楽しめない子がいるのがわかりました。でも，やめてしまうと僕もY君たちも『心がキラキラ』しないと思います。みんなで全員が楽しめる方法を考えたいです」

　S君のこの発言までは「キラキラ」に細かな理由付けをしていませんでした。あくまでイメージとしての言葉でしかありませんでした。この時に初めて一つ一つの言葉に意味をもたせるようになりました。その後，全員が楽しめるルールをつくることで意見がまとまり，スーパードッジボール大会は実施されました。

② 活動後の子どもの姿

　スーパードッジボール大会後の子どもの感想に，目標を意識した言葉がいくつもありました。運動が苦手だったH子さんの感想です。

　スーパードッジボール大会は，とても楽しかったです。いつもは逃げてばかりだし，すぐに当てられて外で座っていたけど，今日はみんなが助けてくれた

し，男の子が左手で投げてくれたからボールもあまり怖くはありませんでした。ボールを受けられたことが本当にうれしかったです。このドッジボールはみんなの顔がキラキラしていました。私の心はキラキラ，ポカポカしています。

　これ以降の提案と感想は学級目標を意識した内容になりました。子どもが学級目標を意識することは，クラス全員が同じ目的を共有して，かかわり合い，協力し合う姿が見られるようになりました。

（岡田　広示）

第3章

最高のチームを育てる学級目標
作成マニュアル＆活用アイデア

小学校中学年

1 ゴールイメージを実現させるために学級目標を教師の肚に落とす

1 ゴールイメージを実現させるための三つのポイント

そもそも学級目標は何のためにつくられるのでしょうか。

学級目標をつくる目的は，子どもたちにゴールイメージをもたせるため。

つまり，学級目標を本当に意味のあるものにするためには，「こうなったらいいな」「こうしたいな」というゴールのイメージを明確にもっていなければならないということです。

そして，目標ですから，今はそうではないけれど（課題），いつかそうなりたいな（目標）というものでなくてはなりません。

例えば，もともと仲のよいクラスの学級目標が「なかよし」では，目標になり得ません。

子どもも学級も常に進み続けています。

目標もなく進み続けた時，そのたどり着く先は楽園なのでしょうか。はたまた荒涼とした砂漠なのでしょうか。それは，誰にもわかりません。

しかし，明確に目的地を定め共有することで，紆余曲折しながらも，目的地に近づくことはできるでしょう。

学級の中で，その目的地（あるいは通過地点）を1年間を通じて明確に示すことができるのは「学級目標」だけです。しかし，その明確に示されるはずのものは，文字にするだけでは具体的な姿は見えません。

例えば「楽しい学級」とは？

どんな場面で？　どのような状態が楽しいと？

このあたりの具体的なゴールイメージを，学級目標を決める時に話し合い，

共有しておくかどうかで，そのもつ重要性は違ってきます。

さらに，目標は達成されてその役目を終えます。

学級目標をつくった後，1年間をかけて，そのゴールイメージを実現させるよう努力しなければなりません。

そんな当たり前の前提を念頭に置いた上で，学級目標設定と運用における三つの重要なポイントを提示し次項より詳しく述べていきます。

○学級目標はゴールイメージを表しているか。
○日常の生活とリンクさせることができているか。
○教師と子どもの肚に落ちているか。

2　学級目標をつくる～学級目標はゴールイメージを表しているか～

学級目標のつくり方にはいろいろな方法があります。

---
①子どもたちにどんな学級にしたいかと問い，話し合いを経て決める。
②教師がゴールを語り，それにそって考えさせる。
③教師が予め考え，納得させて設定する。
④紙に書かせるなどして一人一人の意見を集め，それを教師が集約する形で設定する。
---

①が最もオーソドックスな方法ですが，私は学級目標を決める際，必ずしも子どもに主導権を与える必要はないと考えています。②③④は明確に教師が主導権を握っています。

学級目標を本当に価値あるものにするためには，1年間「学級目標」に立ち返り続けることが必要です。最もそれを意識し，活動しないとならないのは学級担任です。

ただし，その前提として学級がどのような状態にあるのか，ということを見極め，子どもたちに「なるほど」「そうなりたい」と納得させる必要があ

ります。そして，その学級の状態によって，アプローチも，かける時間も変わってきます。

(1) 学年始めの学級の状態から，学級目標を設定する時期を考える

学年始めの学級の状態は大きく分けて，次の3パターンでしょう。

> A　大きな課題意識はもっていない。
> B　課題意識をもっており，それを表に出すことができる。
> C　課題意識はもっているが，それを口に出すことはできない。

多くの学級の場合は，Aであると思います。

いろいろなことが学級にあったとしても，それが子どもの目線では「学級としての課題」だと認識していないことが多いのです。

次に，Bのような学級。

これは，「不幸な過去」をもった学級です。

しかし，その過去が明らかになっており，そこから前に進もうとしている学級です。

最後は，Cのような学級です。

これは，「不幸な過去」が現在も大人に見えづらい形で「不幸な現在」に続いている場合です。

この三つのパターンを頭に置いて，学級目標のつくり方について論じてみたいと思います。

(2) 学級目標設定の時期

昔，学級目標は，新学期始まってすぐつくるものだと思っていました。

しかし，始まってすぐでは，学級の実態がわからない。学力や学習状況も完全には把握していない。行事などでの動きもわからない。

ある先輩教師は，「本当の学級目標をつくるのは，子どもたちの力と学級の様子を見極めてからなので，1か月くらいかかる」とおっしゃっていまし

た。

　本当に生きた目標とするためには，子どもたちとかかわり，子どもたちと向き合い，子どもたちと学び合っていく中で，学級の課題を教師の責任でまずは浮き彫りにしていく必要があります。

　教師が課題と感じるなら，それをことあるごとに口にすればよいのです。ただし，「これがダメ，あれがダメ」ではなく「こうなりたいね」という希望をもたせるイメージを日常的に語っていくのです。

　そうすることで，教師と子どもたちの間に共通したゴールイメージが徐々にできあがっていきます。

　その上で，「全員がよりよい方向に向かっていってほしい」「そのためには，先生は全員を大切にする」ということを言葉だけでなく，行動で明確に伝えながら，「学級全員で達成する明るい未来」を想像させることができるようにしていく。

　そんな過程を経て，初めて教師と子どもの肚に落ちた「学級目標」ができるのです。

　1年間を貫く「目標」です。焦らず決めることが大切です。

(3)　学級の状態を考慮した学級目標のつくり方
A　大きな課題意識をもっていない学級

　子どもの視野は大人が思っているよりも狭いものです。

　子どもたちが言う「みんな」という言葉には，必ずしも「みんな」が含まれている訳ではありません。ほとんどの場合本当に全体が見えているのは学級担任だけであると理解するべきです（ただし，実際に学級担任に「全体が見えている」ことはまれだということも，付け足しておきます）。

　学級目標が目標であると同時に「理想」ならば，その理想はやはり担任が語り，実現するよう努力をしなければなりません。

　1年間見通して活動することは子どもたちにとって，それほど容易な行為ではありません。

それならば，子どもたちに多くを委ねることをよしとするのではなく，基本的には担任が主導権を握り，決定していかなければならないと思います。

　「学級目標を子どもたちと一緒に決める」ことは，大切ですが，子どもたちが明確な課題意識をもっていない場合には，教師が主導権をもって学級目標を決めることを厭う必要はありません。

　だからと言って，よほどの信頼関係が築けていないのに，「先生はこう思うから，これでいく」というような完全な「投下型」の学級目標だと，子どもたちは頑張れません。

　教師の肚に落ちていても，主体者である子どもたちの肚に落ちていないからです。

　つまり学級目標に向けて頑張ることが「させられる」ことになり，自分たちで「している」ことではなくなるからです。当然，言われたこと以上に何かをするという気持ちにならず，広がりや深まりは期待しづらくなります。

　それでも尚「こうしたい」という願いを教師が強くもっているならば，教師が語り行動で示した上で，子どもたちが納得して「こうしよう」と思えるまで時間をかけるべきです。

　子どもたちから出たように演出し，そして全体での話し合いによる決定という名の「選択」をさせることも有効です。

B　課題意識をもっており，それを表に出すことができる学級

　もちろん，４月を迎えて，子どもたちが既に客観的で的確な「課題意識」をもっている場合もあります。

　そういう場合には，子どもたちに寄り添い，最大限に尊重することが大切です。そして子どもたちの願いをかなえるべく，早めに学級目標を決める方がよいでしょう。

　しかし，それでも子どもたちを俯瞰した立場で見ている担任が，その目標を肚に落とすことは大切です。

C　課題意識はもっているが，それを口に出すことはできない学級

　最初から最後まで教師だけがリーダーシップをとり続けることを覚悟するなら別ですが，もし最終的に子どもたちにその主導権を委ねたいならば，Cのような学級は時間をかけて学級目標をつくるべきです。

どのように学級目標を生きたものにするか

　学級目標を本当に価値があるものにするためには，1年間を通して教師が子どもたちに意識させ続けなければなりません。

　実際に学級目標ができてそれで終わりなら，それは単なる意味のない「掲示物」です。

　美しい言葉だけが並んだだけの学級目標は意味をもちません。言葉には力がありますが，その言葉に息を吹き込まなければ，実体にはなりません。

　「仲良く」という目標を決めたら，「仲良くなる」手立てをどれだけ打てるか。「仲良くなる」活動をどれだけできるか。そして，「仲良くなる」学習活動がどれだけ行えるか。

　目標を決めたら，それを達成するための活動につなげていかなければなりません。

　そのためには，「時間」と「場」を教師は潤沢に与える必要があります。

　右の写真はかつて4年生でつくった学級目標です。

　この目標を実現させるためにどのような手立てをとったのか，過去の記憶をひもときながら書いてみたいと思います。

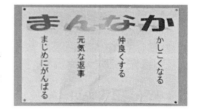

(1)　**直接的なリンク**

　①　個人のめあてとのリンク

　学期の始めに個人のめあてを書かせることは多いと思います。

そのめあてに「学級目標」とリンクした内容を入れ
させます。

また，そのめあてを週に１回振り返らせる欄をつく
ることで，常に学級目標を頭のどこかで意識するよう
になります。

3学期のめあて

名前 [　　　　　]

めあて①

めあて②

めあて③

	1月	2月	3月	感想
①				
②				
③				

② 具体的な活動の設定

「仲良くする」という目標は，さほど具体的ではあ
りません。

そこで学級活動などで次のテーマについて話し合いをします。

もっと『仲良くなる』ために，どんなことをすればよいかを考えよう

子どもの実態に応じて次のような内容が出てきます。

○優しい言葉を使う。
○みんなで遊ぶ。
○困っていたら手伝いをする。

それをさらに，ではどうしたらそれができるようになりますかと問い「具
体的な活動」に結びつけます。例えば，次のような活動が考えられます。

○優しい言葉を使う競争をしよう。
○みんなで遊ぶ日を決めよう。
○お助け係をつくろう。

そのような「子ども発」の活動を採用し，評価，称揚するのです。

そして，一つ達成したら学級目標にシールを貼る。

学級目標に育ちの記録を残すことは，子どもたちにとっても自分たちの成
長がわかりやすいものです。

また達成感，充実感を味わい，確認することは，次の達成に向けての意欲

付けにつながります。

③ 授業の活動とリンクさせる

先に挙げた学級目標の中に，次の項目がありました。

まじめにがんばる　　仲良くする　　かしこくなる

その目標を達成させる活動を，学校にいる時間で一番長い授業時間に行います。

例えば「仲良くする」ことが目標なら，授業の中で「仲良く」活動する時間を設定し，学級での話し合い活動の中で，仲良く遊ぶ活動を考えさせます。

子どもたちが気付かない「それでは仲良くなれないよ」というポイントは，自信がない子どもたちが多ければ失敗しないように練り上げればよいし，失敗しても前に進むことができる子どもたちなら，粗い計画のまま進めていけばよいでしょう。

また，このような目標を学校生活の中で具体化していくためには，教師主導の学習，受動的な学習では達成されづらいものです。

そこで，子どもたちが能動的に学ぶ学習を多く取り入れることになります。

・授業の中に相談する時間を多くとる。
・グループ，ペアでの学習を取り入れる。
・協同的な学習（学び合い）を行う。

席の並び順や班のつくり方などを，その子どもたちの様子や時期によって変えながら，「よくできたね」「これなら仲良くなるね」とほめていくことができるように授業で仕掛けていきます。

もちろん，これには教師の見取りが必要で，失敗するのがわかりきっているのに行わないようにしたいものです。

ただ，仮にうまくいかないことがあったとしても，「惜しかったね。次はこうできたらいいね」と再チャレンジを示唆することで，失敗が貴重な経験

となり，後につながることも期待できます。

　教師は，そのような「成功体験」や「価値ある失敗体験」を数多く得られるように活動を仕組みます。

　もちろん，最後まで頑張ると決めたらことあるごとに，未来を語り，励まし，試行錯誤を認め，そして最後はほめることも大切です。

　そのために，最初はスモールステップでの成功体験を仕組みます。

　このような学習活動は，学級目標がなくても行う学習活動かもしれませんが，今したことは学級目標とつながるね，と価値付けることで子どもたちのゴールイメージの意識は明確になっていきます。

> 授業の場は，学級目標が「具体的にはこういうことなんだ」「本当にできている」ということを確認し，できるようにしていく場です。

④　行事とリンクさせる

　行事の前には必ず学級目標を確認します。

　学校行事は子どもにとっても特別なものです。子どもたちは，多くの場合最初からやるぞ，頑張るぞ，と考えています。しかし，そのやる気の方向をはっきりさせるためにも，学級目標の確認は大切です。

　「元気な返事」という目標をより高いレベルで達成するために，「全校が集まった時に，手本になるぐらい元気に返事をしよう」と投げかけます。

　普段以上に張り切って「元気な返事」をする子どもたちの姿が見えるようになります。

(2)　サブテーマのすすめ

　繰り返しになりますが，抽象的な言葉が並んだだけの学級目標は意味（意義）をもちづらくなります。

　例えば，次の学級目標を見て，子どもたちはどのような具体的なイメージをもつでしょうか。

66

> まじめにがんばる

　まじめとはいったい何をさすのでしょうか。
　話をよく聞くということ？　真剣に取り組むということ？
　頑張るとは，いったい何をどう頑張るのでしょうか。
　学級目標は，必ずしもすべてに対して具体的ではありませんし，必ずしも具体的にすればよいという訳でもありません。
　しかし本当に，子どもたちに実現させたいなら，より具体的に提示したいものです。
　そこで，時期を決めて，具体的に提示できるようなサブテーマを掲げます。
　例えば「掃除，もうちょっと頑張りたいね」と投げかけて，「掃除の時に，一言も喋らない」というサブテーマを子どもたちと設定する。
　そうすることで具体的に子どもたちも頑張れるし，教師もほめ，一緒に喜ぶことができます。

自ら集団をつくるための１年間の見通し

　学級の流れは一定ではありません。
　大きく，次のように流れていくと筆者は考えています。

４月から６月	学級目標を具体的な形に表す期間
７月	学級目標の到達度を確認する時期
９月	学級目標と具体的なイメージを確認する時期
10月から12月	学級目標がほぼ達成され，子どもたちが自動的に動き始める時期
１月から３月	達成されたよさを味わい，来年に向けての希望をつくる時期

　４月から６月が，１年を左右します。
　この時期に，子どもたちにとって学級の目標や在り方がはっきり見えなければ，１年間迷走することになりかねません。

学級目標の具体的な姿はどんな姿かを，子どもたちの姿を通してはっきりさせることが大切です。
　そして，達成されるとうれしい，わくわくするという経験をさせたいものです。それまでは，学級目標を中心として「ほめ」「認め」「確認」することを濃密に行っていきます。
　見通しをもちイメージやアイデアに息を吹き込むのは教師の役割です。
　これがうまくいくと，7月以降は，子どもたちが自分たちで動き出そうとします。

教師の肚と子どもの願い〜二つのゴールを一致させる〜

　学級目標を1年間もち続けることができる人，もち続けていないといけない人は誰か。
　それは学級担任です。
　しかし，その学級担任が学級目標に対して大きな意味も重要な意味ももっていなければ，そこに対するアクションを起こすことはできません。
　学級目標は，担任が子どもたち以上に納得するような「こうしたい」「こうしなければ」というものでなければなりません。
　一つ一つの言葉に，具体的な意味をもたせるために，話し合いをし，イメージを共有し，その上でまず担任が本当にこれが目標だと納得できる。この目標で1年間頑張るという覚悟ができる。そういうものでなければ，学級目標は貼った瞬間に，役目を終えることになります。
　しかし，いくら教師の肚に落ちていても，子どもにとって満足のいくゴールになるかどうかはわかりません。
　そもそも，学級のすべての子どもたちが，4月の最初から教師が考えるような学級目標をもっているのでしょうか。
　私は，4月の最初は，教師の願うゴールと，子どもの願うゴールの二つが存在していると思っています。

その二つのゴールをすり合わせ教師と子どもの双方の肚に，最終的に落ちなければ，それは独りよがりな達成目標にしか過ぎず，達成してもむなしさが残ります。
　教師の肚に落ちることと，子どもの本当の願いをかなえることを一致させながら学級目標を決めます。
　そのためには学級目標の運用も柔軟に考えるべきでしょう。
　例えば，子どもたちの育ちによっては，１学期には平易な学級目標を立て，育ってきた２学期にもう少し高いレベルの学級目標を立てるということも考えられます。
　そうやって，教師が強い願いをもちながらも，子どもたちの様子を見取り，その願いに寄り添いながら学級目標を決め，運用していくことが大切なのです。

それでも教師の肚に落ちた学級目標を

　実は学級の目標の大きな項目は，多くの場合そう違わないと思います。
　しかし，例えば「仲良く」の具体的な中身は，学級の実態によって大きく変わってきます。
　その中身は何かを解き明かし，そしてそれを実体化させていくことで，学級の文化がつくられていきます。そう，学級目標はゴールイメージ，つまり学級の文化をつくるために存在するのです。
　ならば，その文化をつくるための活動を仕組まなければなりません。
　実行するのは子どもでも，その活動の種を蒔き，時間と場を確保するのは担任の仕事です。
　苦しいこともあるでしょう。思うようにいかないこともあるはずです。
　だからこそ，学級目標を本当に意味のあるものにし，達成するために，まず担任がその意味と細かなイメージをもち，１年間学級を経営していくという思いが大切になるのです。
　　　　　　　　　　　　　　　　　　　　　　　　　　　（南　　惠介）

2 学級目標を活かすグランドルールとプロジェクトチーム

1 学級目標がなぜ必要か

　目標に関する話で次のようなものがあります。
　ハーバード大学のMBAコースの卒業生に，「未来について明確な目標をもっていますか？」と問うたところ
　　A　もっていないと答えたのは84％
　　B　もっていると答えた中で紙に書いていない人は13％
　　C　もっていると答えた中で紙に書いている人は3％
という結果が出ました。
　追跡調査をして10年後，BとAの年収を比べると平均年収はBが2倍，CとAではCが10倍でした。
　目標があるとないとでは成果が変わります。望ましい学級目標とそれを実現するための計画が立てられることは大切です。
　私は学級目標のメリットは大きく二つあると考えています。
　一つは，「成果が高まる」ことです。
　無目的に頑張るよりも，目指すところが定まっていた方が，より効率よく効果的に成果を出すことができます。
　遠足，運動会，学習発表会，日々の授業，それぞれの学びはありますが，一つ一つがバラバラでなく有機的につながることで得られるものが大きくなります。有機的につなげる中心になるものが学級目標です。
　もう一つは，「振り返りを行うことができる」ことです。
　経営の改善モデルにPDCサイクルがあります。
　計画（Plan）→行動（Do）→振り返り（Check）の頭文字をとったもの

です。計画を立てて行動し振り返りを行う。振り返りを行ったものを次の計画に活かしていく。新たな計画をもとに行動し，振り返りを行う。この循環を繰り返す中で物事が改善されていきます。

　振り返りを行う際は，無目的な行動よりも，計画があることの方が，より効果的になります。計画に対して，「できた」「できていない」がはっきりするのでそのギャップを分析すれば次の行動指針が得られやすくなります。

　学級目標を立てることで，行動指針が定まります。そして，振り返りを行う中でよりよい学級づくりができるようになります。

学級目標作成七つのステップ

(1) 作成時期

　学級目標は学級の目指すゴールです。ゴールを決めるにはスタート地点を知る必要があります。

　何ができていて何が足りないのか。何を伸ばして何を改善するのか。クラスの実態を把握することで，実態に合わせた学級目標を決めることができます。

　実態がわかるためには少し時間が必要です。４月の最初では，美辞麗句に飾られたアイデアが出ます。素敵な響きかもしれませんが，他のクラスにも当てはまる切実感のないものになってしまいがちです。

　行事を終えた後や，トラブルが起きた時などの節目が作成時期として適当です。

　早い段階で学級経営案に書かなくてはいけない場合や，保護者懇談会で説明しないといけないなど締切が設定されている場合は，仮としておきます。大事な行動指針なので焦らずに作成します。

(2) リストアップ

　「学級目標をこれからつくっていきます。クラスのよいところ，改善点，

クラスで取り組みたいことを考えてみましょう」
　学級目標を作成することを伝えます。普段漠然と捉えているクラスの様子ですが、よいところや取り組みたいことを考えてみようと投げかけることで客観的にクラスを見ることができます。まずは個人で考える時間を設定します。家で考えてきたり、紙に書き出したりします。

　次に、個人で考えてきたことを班で出し合います。
　私は、アナログカウンターを活用してブレインストーミングを行っています。この方法は限られた時間にできるだけ多くのアイデアを出すのに適しています。
「２分間、クラスのよいところをできるだけ多く出し合いましょう。用意スタート」
　数が多ければ丸とします。
　数を確認し、たくさん意見が出たことを認めた後で内容の検討を行います。
「今出た中で、一つだけ選ぶとすれば何を選びますか。クラスのよいところを一つだけ選んでください」
　一つに絞る活動の中で、クラスのよさを自然と多角的に見ることができます。
「男女仲がいいのがいいよね」
「確かに、誰とでも話せるようになったね」
「協力できるのもいいんじゃない」
「『男女協力できる』にしよう」
　班で一つに絞ったものは班の代表者が黒板に書きます。八つの班があれば、八つのよさが出されます。それらを見ることでクラスのよさを実感できます。
　次に、同じような流れで改善点も出します。
　よさと改善点が一覧にされることで、クラスの実態が浮き彫りになります。この情報を共有した上で次のステップに進んでいきます。

⑶　**みんなの思い**

　「みなさんが今ここでこうして学習ができているのは誰のおかげですか。一つはお家の方のおかげです。毎日食事を作ってくださり，ランドセルや筆箱，ノート，着ている服だってお家の方がいなければ何一つありません。

　その他に挙げればきりがありませんが，学校の先生方，地域の方々，さらに学校をつくってくれたこの日本という国のおかげでもあります。

　さて，学級目標ですが，みなさんが考えたことに加え，みなさんに立派な大人に成長してもらいたいと願っているお家の方や地域の方々，先生，そして日本という国の思いも取り入れてもらいたいと思います」

　「先生の思い」「保護者の思い」「日本国の思い」この三点を子どもたちからリストアップされたものに加えます。

　先生の思いは，学級開きで所信表明したことを再度伝えます。伝えていない場合は，このタイミングで伝えます。

　保護者の思いは，最初の懇談会の時に尋ねておきます。

　「どのような大人に育ってほしいですか」「この１年間でどのような力を付けてほしいですか」「学校に望むことはなんですか」といった問いかけをします。

　「仲良くしてほしい」「勉強を頑張ってほしい」「毎日楽しんで学校に行ってほしい」「いっぱい遊んでほしい」「子どもの話をきちんと聞いてほしい」など，様々な願いがあります。担任への要望が挙がる場合もありますが，それらも含めて子どもたちにも伝えます。

　子どもたちは普段親の思いを聞く機会はあまりありません。願いや期待を知ることで「頑張りたい」「やらねば」という気持ちを育むことができます。

　日本国の思いでは，教育基本法や地域の思いが込められている学校教育目標のことを伝えます。

　子どもたちの思いでつくる学級目標が大切です。けれども，子どもの思いだけでつくると偏りが見られる場合もあります。そこでクラスの実態に加えて，担任や保護者の思い，学校教育目標を知ることにより，バランスよく多

角的な視点で学級目標を考えることができるようになります。

(4) ワールドカフェ

自分の思いを語りやすくするためには小グループの場を設定します。

4人一組で四つ切り画用紙にどんなクラスにしたいかを書き込みます。

10分程度経ったら，一人ホストを残し，メンバーを変えます。

新しいメンバーでホストが中心となり再度話し合いをします。

10分程度経ったら，同じようにホストを残し，メンバーを変え，話し合いをします。

2回話し終えたら，最初のグループに戻って四つ切りの紙をもとにキャッチコピーをつくります。

八つの班があれば八つのアイデアが出ます。どの班から出たアイデアも，ワールドカフェで意見を交流し合っているので，お互いの意見を盛り込んだものができあがります。

(5) 決める時のコツ

物事を決める時には，多数決，じゃんけん，くじ，徹底議論等様々な決定方法がありますが，どの方法でも大事なのは，事前に決め方を決めておくことです。

「俺はじゃんけんがよかった」

「知らない間に決まっていた」

ということがあると，自分の期待と違ったものが選ばれた時に非協力的になってしまう場合があります。

「20分話し合って，決まらなければじゃんけんでいいですか？」

「それぞれのよさを15分出し合った後に多数決でいいですか？」

と，決め方を事前に合意形成しておくとトラブルが起きにくくなります。

様々な決め方の中でも時間の関係上多数決になることが多くあります。

多数決のコツは，「決める数よりも多く挙手する」ことです。六つの意見

の中から二つ決める時は一人３回手を挙げる。三つの中で一つ決める時は，一人２回手を挙げる。というように決まる数よりも多く手を挙げるようにします。

　挙手の回数が多ければ，自分が選んだという人が増えます。３個の中で１個選ぶ時に，一人２回手を挙げればほぼ全員が投票したものが選ばれるようになります。選んだものが決まることで，自己決定感が高まり，採決への納得度が増します。

⑹　コンペティション

　言葉が決まったらそれをイメージ化します。

　私は「学級目標の掲示」「マスコット」「学級の旗」のそれぞれデザインのコンペティションを行っています。

　興味のあるものに個人もしくはグループでデザインし，応募します。複数応募することも可能です。

　応募作品の中から，選ばれたものを掲示や旗にしていきます。

　旗を作ったり，マスコットを作ったりすると，集会や遠足に旗を持っていったり，学級だよりや板書にマスコットが登場したり等活用できます。様々な場面で登場することにより学級目標への愛着が増します。

⑺　自分たちで作る

　完成イメージが決まったら作成に移ります。学級目標の掲示と旗は同時に作ります。この際，人数の割り当てや材料，色の付け方，大きさを決めますが，すべて子どもに任せます。あまりにも難しいと担任が判断する場合は多少修正しますが，基本的には子どもに任せます。

　つぎはぎだらけの完成になることもありますが，自分たちで作った作品，学級目標への愛着はひとしおです。

学級目標を学級づくりにこう活かす！

(1) 毎日声に出す

　朝の会や帰りの会で学級目標を音読します。音読することで，何度も思い出され，意識できるようになります。

　「朝の会の最後は学級目標」とタイミングを決めると，習慣化されます。

　朝から元気を出していきたいなら，最後に「イェーッ」と言葉をつけたり，動作をみんなで考えて動きながら読んだりするのも楽しいです。

(2) グランドルール

　グランドルールとは班ごとに決めたルールです。

　ルールがあることにより，活動の前に確認することで活動のめあてになります。班でトラブルが起こった場合は，このルールをもとにして振り返りができるようになります。

　グループ活動の後や週末に見直して，できたかどうかをチェックします。加筆修正する中で自分たちの行動指針になるとともに，ルールを大切にするようになります。

　つくり方は，まず「楽しい」「協力」「一生懸命」「元気」「仲良し」「よく遊びよく学ぶ」など班のテーマを決めます。

　次に，具体的なルールを箇条書きに書き出します。

　最後に，誓いの意味を込めて一人一人がサインをします。

　グランドルールをつくる際も，学級目標を意識するようにします。テーマを決める時に，学級目標のどこの部分を大切にしているかを話し合うようにします。

　「みんなが大切にしたい学級目標を達成するために，班の目標がある」ということを伝えることで，広い視野でめあてを考えられるようになります。

(3) 係活動

「完璧団結クラス～笑顔・100点・けじめ・協力～」が学級目標だとします。その際，生き物係，スポーツ係，レク係，遊び係，新聞係，それぞれの係で学級目標と関連した活動は何ができるかを考えます。

例えば，新聞係が「笑顔」に関連できると思えば，「クラスの友達のいいところを記事にしよう」といったように新聞の内容を改めて考え直す機会になります。

(4) プロジェクトチーム

学級目標を実現するためのプロジェクトチームをつくります。

「来週1時間学活の時間を使って学級目標の一つのテーマである協力を高めるイベントを行います。そこで企画を募集します。提案をして採用されたチームのイベントを行います」

学級目標を実現する方法を考える機会を提供しても，普段やっていることの延長のアイデアが多くただの遊びとも思える内容が多く挙げられます。しかし，テーマに関連していて採用したものしかできないという状況で話し合いを進めていく中で「ハイキングじゃ協力できないでしょ」「みんなで歌を歌いながら行くっていうのは。一人一人が声出さないと楽しくないでしょ。全員声出すのは協力って言えるよ」「そもそも協力するって何？」と，より目標へ意識をもてるようになります。

(5) イベントと学級目標を関連させる

イベントの前後に学級目標に関する質問をします。関連させる際にスケーリング（数値化）を活用すると考えやすさを生みます。

「学級目標達成を10点満点としたら何点を目指しますか。その点数をとるためにどんなことを頑張りますか」

「学級目標達成を10点満点としたら何点でしたか。何ができて，何ができなかったですか。次に1点でも高めるために何ができますか」

第3章　最高のチームを育てる学級目標　作成マニュアル&活用アイデア　小学校中学年　77

スケーリングを取り入れ満点を意識することで，理想の状態がイメージできます。また理想に対して現状を把握しやすくなり，具体的な改善アイデアが出しやすくなります。

(6) 学級目標を体感する

「ドッジボールを10分間やりましょう！」10分後，

「もう一度ドッジボールをします。ただし次の10分間は，学級目標を達成している状態でドッジボールをしてみましょう。どのような動きをしますか。どのような声かけをしますか。30秒間イメージする時間をとります。（30秒後）それでは10分間やりましょう！」10分後，

「1回目と2回目はどちらがよかったですか？　1回目と2回目は何が違いましたか？　どんな声が聞こえましたか？」

達成した状態をイメージして行動することで，学級目標のよさを体感することができます。

(7) 学級目標 MVP

帰りの会や活動後に，

「学級目標 MVP をもし決めるとするなら誰ですか。MVP とは，Most Valuable Player の略で，特に頑張っていた人のことです。学級目標 MVP は，学級目標に関することで特に頑張っていた人のことです。

学級目標の笑顔や，協力，全力などで特に頑張っていた人は誰ですか。ノートに名前と理由を書きましょう」

3分後，MVP を聞き合います。選ばれない子もいるので，聞き合う時間は短めにします。「他にもたくさんいるんですがここまでとします」「できるだけまだ選ばれてない MVP の人を先に発表しよう」など短い時間で多くの MVP が聞ける声かけをします。

学級目標を実現する具体的な行動を共有することができます。

（山田　将由）

学級目標を学校行事とリンクさせる

1 学級目標＝学校行事の教育効果を最大限引き出すツール

　私は過去11学級の担任をし，11回学級目標をつくってきました。その中で，新卒から５年目くらいまで担任をした学級の学級目標はあまり機能していなかったと言えます。機能していたか，機能していなかったかの区別は，大雑把に言うと，学級づくりの役に立ったか，立たなかったかの差です。機能していなかった学級目標は，周りの先輩教師から「最初の学習参観までに掲示しておいてね」と言われ，何で学級目標をつくらなければいけないのかも知らずに，やっつけ仕事のように作成していたものです。子どもたちと一緒につくったはずの学級目標は，共通の目標にならず，１年間教室の壁にさみしく貼られていました。

　転機は，単学級の学校で一緒に勤めた女性教師のM先生との出会いです。M先生が６年生担任，私が５年生担任であった年度のことです。M先生の担任する６年生の学級目標は『チームワーク』でした。言葉は抽象的ですが，M先生は普段の学校生活だけでなく，学校行事においても，活動への参加意欲を高めるために，学級目標を意識させる声かけを子どもたちによくしていました。例えば，運動会の応援練習の時に声を出していない６年生がいた時は，「ねえ，今日の応援練習で声を出している人と出していない人がいたけど，これって学級目標の『チームワーク』を目指している学級の姿かな」と声をかけていました。また，学習発表会の６年生の発表内容は，合奏と合唱であり，その発表のタイトルは，『チームワーク』でした。M先生が，学級目標を基に学級づくりをされていることがよく伝わってきました。歴代の担任から生徒指導が大変と言われていた６年生は，行事を重ねるごとに，協力

できる集団へと変わっていきました。赤坂真二氏（2013）は，チームのことを，「①1人では出来ない課題を，②よりよい関係を築きながら，③解決していく集団」と捉え，「チームになるためには，課題が必要です」と述べています*。M先生は学校行事という課題を学級目標に照らし合わせながら解決を目指し，6年生をチームにしていったのです。このM先生との出会いが，私の学級目標に対する考え方を変えました。学校行事の教育効果を最大限引き出し，学級をチーム化するために有効であるツールが学級目標であると考えたのです。現在，学校行事の存在意義は危ういと言えます。学習内容の増加による時数確保のために行事の精選が進み，学級のチーム化に効果的な学校行事はどんどん削減されています。そんな流れを受け，いつのまにか学校には学校行事を軽視する雰囲気ができているのではないでしょうか。学校行事がこなす行事になっているのです。「授業内容を終わらせるだけでも大変なのに，特活で頑張っている余裕なんてない」そんな声を聞きます。私は，行事が減るのはしかたがないと思っています。でも，現在行われている行事まで手を抜いてよいとは思いません。子どもたちは行事を楽しみにしているのです。現在，私の学級づくりにおいて，学校行事と学級目標は重要な役割をもっています。M先生から学び，自身でアレンジしてきた教育効果を高める学級目標の作成法と活用法について，以後述べていきます。

2 学級目標作成のポイント

　私の経験上，学級目標作成のポイントを挙げるとすれば以下の四点となります。

①短く，シンプルにする。
②抽象的であるけれど具体的な行為像をイメージしやすい言葉にする。
③学級目標に「協力」の要素が入るようにする。
④学級目標は，学級を改善するのではなく，よりよくするイメージから

スタートする（短所を直すから，長所をさらに伸ばすへ）。

①短く，シンプルにする。

　これに関して，私は多くの失敗をしてきました。学級目標をつくる際，子どもや担任の思いを入れすぎて，様々なキーワードや文章が並び，とてつもなく長くなってしまったものです。結果，どんな学級目標かはっきりせず，ぼんやりして，何を目指したらいいかわからない状態になります。学級目標は，覚えられるくらいシンプルである方が子どもたちに浸透しやすいと考えます。「ねえ，学級目標を何も見ずに言ってみて」と頼まれて，「えーと，その，みんな仲良く，元気があって，えー，挨拶がよくて，うーんと，何だっけ？」という状態では，学校行事に生かすことはできません。キーワードが並んだとしても，三つが限度ではないでしょうか。

②抽象的であるけれど具体的な行為像をイメージしやすい言葉にする。

　学級目標は，1年間，教室に掲示され，学級の目標になるものです。その学級目標があまりにも具体的すぎると1年間もたないことがあります。例えば，『全員漢字テスト合格！』のように目標が具体的すぎると，それを達成してしまったら学級目標の価値がなくなってしまいます。1年間の様々な行事に重ねていくためにも，学級目標はある程度の抽象度が必要です。どう考えても，『全員漢字テスト合格！』は，運動会や学習発表会，マラソン大会とはつながりませんよね。これが，『チームワーク』だったらどうでしょうか。「運動会において，チームワークを高めるためにはどうする？」「学習発表会では？」「マラソン大会では？」とそれぞれの行事ごとにイメージを膨らませることができます。運動会であるなら，「全員が大きな声を出す」や「リレーのバトンパスの練習を休み時間にもやる」等の具体的な行為像が出

てくることでしょう。また，抽象的だけれども，具体的な行為像がイメージしにくいものも NG と言えるでしょう。本稿でターゲットにしているのは，小学３，４年生ですから，大人にしか理解できない「創造」「自立」「one for all，all for one」などは見た目はかっこいいですが，子どもが理解できないようでは意味がありません。中学年でも理解できる言葉にする必要があります。

③学級目標に「協力」の要素が入るようにする。

　学級目標をつくる際，「こんな学級にしたい」という子どもたちの願いを聞き出し，キーワードでまとめ，その中のキーワードをいくつか選ぶという学級が多いと思います。私もそのようにしています。きっと『元気』『なかよし』『やさしい』『おもいやり』『チャレンジ』『全力』『みんなで力を合わせる』などのキーワードになるでしょう。私は，そのキーワードに『協力』にかかわる要素が出た時に，必ず子どもたちに頼んで採用してもらうようにしています。その根拠は，学習指導要領（特別活動編）の学校行事の目標にあります。

> 【学習指導要領（特別活動）学校行事】
> 目標
> 　学校行事を通して，望ましい人間関係を形成し，集団への所属感や連帯感を深め，公共の精神を養い，協力してよりよい学校生活を築こうとする自主的，実践的な態度を育てる。

　この目標が示すように，学校行事は，学級活動と同様に，学級のチーム化に重要な役割をもつということがわかります。ですから，学校行事の目標の波線部にあるように，学級目標にも『協力』の要素を入れることで，学校行事とのつながりをつくりやすくなると考えています。筆者の過去５年間の学級目標にも，必ず協力の要素が入っています。

> ・『思いやりと協力のある○○学年』　・『全力　努力　協力』
> ・『リーダーシップ＆チームワーク』　・『協力』
> ・『あいさつばっちり　おもいやりいっぱい　みんなで協力』

> ④学級目標は，学級を改善するのではなく，よりよくするイメージから
> 　スタートする（短所を直すから，長所をさらに伸ばすへ）。

　みなさんは，学級目標を学級開きからどのくらい経ってから作成しますか。
私は，学級目標をだいたい４月下旬くらいにつくるようにしています。それ
は，子どもたちのよいところをなるべくたくさん見つけて，学級目標づくり
に活かすためです。

　こんな事例があります。

【４月初旬　４年生　学級活動】

> 担任：「みなさん，今日の学級活動は，学級目標をつくります。みなさんは，
> 　　　　このクラスをどんなクラスにしたいですか」
> Ａ男：（挙手）
> 担任：「Ａ男さんどうぞ」
> Ａ男：「優しいクラスになってほしいです」
> 担任：「ヘー，とってもいいですね。どうしてそう思ったのですか」
> Ａ男：「みんな悪口を言ったり，けんかしたりするから直したいと思ったから
> 　　　　です」
>
> 　この後，他の子どもからも，学級の欠点を指摘する意見が出された。

　みなさんは，この場面についてどんな感想をもちましたか。Ａ男が言った
「優しいクラス」は，自分たちの学級の欠点からスタートしています。せっ
かくみんなで頑張る目標を決めているのに，学級の雰囲気が暗くなってしま

いました。私は，これでは学級が前向きになっていかないと感じ，その日の学級活動は終わりにしました。後日，私は，子どもたちに「悪いから直すのではなく，よいところや，既にできていることをもっとよくする学級目標にしよう。誰だって，悪いところを言われたら気分はよくないよね。気分がよくなれば，みんなで頑張ろうという気分になるでしょ」と話しました。そして，学級のよいところをなるべくたくさん子どもから出させて，その中からもっとよくしたいものを選んで学級目標にしました。それが，『あいさつばっちり　おもいやりいっぱい　みんなで協力』という学級目標です。欠点からスタートした目標より，自分たちのよいところからスタートした目標なら，頑張れそうな気がしませんか。

　私は，この経験から，学級目標は学級開きから３週間ほど経ってから作成するようになりました。この３週間に教師から子どもたちのよいところをたくさん見つけて伝えたり，子ども同士でよいところやよい行動を見つけて伝える活動を取り入れたりして，自分たちのよさを認識させ，学級目標作成時に自分たちのよさがたくさん出されるようにしました。また，前述した学級目標作成時のポイント③「学級目標に協力の要素が入るようにする」にもつなげて，学級活動で協力して行う課題解決ゲームや体育の運動を学級目標作成前までに行い，協力して活動したことを取り上げ，「みんなは協力できる学級なんだね」と価値付けました。すると，学級のよさとして，「協力できること」も出されるようになりました。前年度に少し荒れたような学級では，このような手法が必要だと思います。学級開き後，すぐに学級目標をつくってしまうと，前年度のことを引きずって，欠点ばかりが強調されてしまう可能性があるからです。３週間かけて，子どもをネガティブベースからポジティブベースに変えていきます。もし，１回目の学習参観日に掲示しなければならず，４月中旬に作成するのであれば，その分，事前にたくさんよいところさがしをすればよいのではないでしょうか。

　さて，これまで学級目標作成のポイントを紹介してきました。ここまでお

読みいただいた読者の方には、「ちょっと教師主導すぎない？」と思っている方もいるかもしれません。私のやり方は、子どもの思いをそのまま目標にするのではなく、少し教師が方向付けしています。私は、中学年という発達段階では、ある程度、教師がリードしてあげてもよいと思っています。河村茂雄氏（2009）は、中学年における学級経営のポイントとして、「教師の参加的リーダーシップで推進する」ことを挙げています[*]。最初は、教師主導で始めたことを、子どもたちに「みんなで決めたことを、みんなで活動して、みんなで協力してうまくできた。それがとても楽しかった」という共有体験として、積み重ねることが大切であると述べています。中学年における学級目標作成においても、同じことが言えると思います。

学校行事における学級目標活用のポイント

　学級目標をただのお飾りにせず、機能させるにはどうすればよいのでしょうか。ここでは、学校行事において学級目標を活用するためのポイントについて紹介していきたいと思います。
　私は、三つのポイントがあると考えます。

> ①学級目標を実現する具体的な行為像を行事ごとに学級全体で共有する。
> ②学級目標を行事の振り返り（中間・事後）や場面指導の観点として使う。
> ③学習発表会や運動会での発表内容や種目も学級目標をテーマに作成する。

　この三つのポイントについて、具体的な事例とともに紹介していきます。

> ①学級目標を実現する具体的な行為像を行事ごとに学級全体で共有する。

【事例　全校長縄跳び大会】
　前述したように、学級目標は抽象的であるけれど、具体的行為像をイメージしやすいものがよいと述べました。私は、学校行事が近づくと、学級目標

を実現するには,その学校行事ではどんな言動をすればよいのか考えさせます。

写真①は,4年生が,学級目標『協力』を実現するためには,長縄跳び大会でどんなことをすればよいのか考えている場面です。手形で作った輪の中によい言動を,手形の外には悪い言動を書いていきます。グループで考えてから,全体で共有し,学級全体で目指す姿を決めて

写真① 具体的行為像を相談している様子

いきます。子どもたちからは,下記のような意見が出されました。

【よい言動の例】

○失敗しても,「ドンマイ」と言う。
○とぶ時に,みんなで声を揃えて,「はいっ,はいっ」と言う。
○25分休みに,必ずみんなで練習をする。
○みんなで喜ぶ。

【悪い言動の例】

○失敗した人を責める。「おまえのせいだ!」
○失敗した人を笑う。
○練習の時にふざける。さぼる。
○かけ声を出さない。

このような活動を通して,子どもたちは,各行事での自分たちが目指す姿をイメージすることができました。子どもたちは,この行為像を決めてから,毎日練習を行いました。練習している時,最初の頃は私も一緒に練習をしていましたが,軌道に乗ったと感じたら,子どもたちに任せました。時々,遠く

写真② 長縄跳び大会

からちらっと確認しますが，自主的な動きを尊重しました。

　この学級の子どもたちは，長縄跳び大会で校内新記録を出すことができました（写真②）。協力した成果を目に見える結果として手に入れたのです。この行事によって，この学級のチーム化はかなり促進されたと感じました。

---

②学級目標を行事の振り返り（中間・事後）や場面指導の観点として使う。

【事例　マラソン大会】

　抽象的である学級目標を具体的行為像に変え，行事への取り組みが始まったとしても，必ずしもうまくいくとは限りません。友達同士のトラブルが起きたり，行事に対して全力で取り組まない子どもが出てきたりするものです。うまくいかない時こそ，学級目標の活用の時だと思います。以下は，私が担任をしたある学級の事例です。

　10月にマラソン大会への練習が全校で始まり，子どもたちは休み時間になると，校舎周辺を走りました。みんなが一生懸命に走っている中，私の学級の２人の女子が歩きながら，時々，木陰で腰を下ろして休んでいました。練習が終わると，ある女子が私の所に来て，「Ｂ子さんとＣ美さんが歩いていたし，木の下で休んでいました。おかしいと思います」と訴えました。私は，２人の立場が危うくなると感じ，全体に話をすることにしました。

担任　：「みなさん，マラソン大会に向けた練習おつかれさまでした。多くの人がみんなで決めた目標に向かって頑張っていて，私はすごいと思って見ていました。ちょっと聞いてみようかな。自分は，学級目標『全力　努力　協力』に向かって，練習を頑張っていると思っている人は手を挙げましょう」

子ども：（歩いていた女子２人以外は，手を挙げる）

担任　：「すごいね。頑張っている人ばっかりだ。あれ？　挙げていない人もいますね。Ｂ子さんは，どうして挙げていないのかな。Ｃ美さんは？」

B子，C美：（下を向いて黙る）

担任　：「そうか，2人は頑張ることができなかったんだね。では，学級目標に向かって，これからどうすればいいか考えてくれるかな。授業が終わったら聞くからね」

（授業後，2人を別室に連れて行き，話を聞く）

担任　：「B子さん，これからどうしますか？」

B子　：（泣きながら）「せいいっぱい，走ります」

担任　：「C美さんは？」

C美　：「B子さんと一緒に休まないようにして，全力を出します」

担任　：「2人とも，よい勉強をしたね。2人はとても仲良しだけど，足を引っ張り合う関係は，友達とは言えないよ。一緒に頑張れる関係が本当の友達だと私は思います。2人がもっとよい友達になるためと，学級目標を実現するために協力してもらっていいかな」

B子，C美：（うなずく）

　この2人の女子は，2学期，2人だけで行動することが多くなっていました。周りの女子は，2人に対してよい印象をもってはいませんでした。このことをきっかけとして，2人はマラソン大会への練習に対して前向きに練習しました。そのことで，2人に対する周りの女子の評価も元通りになりました。この時のことについて，B子は，3学期の終業式の時に私にくれた手紙の中で以下のように振り返っています。

　和田先生へ。1年間，ありがとうございました。先生との思い出で一番おぼえていることは，マラソン大会のことです。わたしは，マラソン大会の練習の時に全力を出しませんでした。友だちといっしょに休んでしまいました。あの時，先生が話をしてくれなかったら，わたしたちは，みんなからはなれていたかもしれません。学級目ひょうに向かって，がんばれてよかったです。

　この事例のように，1年間の学校行事の中で，子どもたちが全力を出し切

れなかったり，学級内のチームワークを高められなかったりすることがあります。そんな時，振り返りの観点として活用すると，子どもたちにとって学級目標は意味のあるものになっていくのではないでしょうか。B子の手紙を読む限り，B子にとって学級目標は意味のあることだったでしょう。

---

③学習発表会や運動会での発表内容や種目も学級目標をテーマに作成する。

【事例　学習発表会】

　私は，運動会の学年種目や学習発表会の発表の内容も学級目標をテーマにつくります。子どもたちに学級目標を意識させながら練習に取り組ませるためと，保護者も学級の輪に取り込んでしまう意図があります。

　ある4年生の担任をしていた時の事例です。この学級の学級目標は，『思いやりと協力のある〇〇学年』でした（〇〇には，学年の独自の名前が入ります）。学習発表会に向けて，学級活動の時間に発表の内容を考えました。

> 担任：「みなさん，学習発表会の発表内容を考えたいのだけれど，この学級は
> 　　　　1年間，この『思いやりと協力のある〇〇学年』に向かって頑張ってい
> 　　　　るのだから，この目標に関係ある内容がよいと思うのだけれど，何かア
> 　　　　イデアはありませんか」
> D郎：「縄跳びがよいと思います。縄跳びは，協力しないとできないし，全校
> 　　　　長縄跳び大会でもみんなが協力できたからです」
> E助：「劇です。いじめをなくしていくような内容がいいです。学級目標の思
> 　　　　いやりに関係するからです」
> G子：「ダンスです。みんなで揃って踊ったら，きっとかっこいいし，協力で
> 　　　　きるクラスになると思います」

　話し合いを経て，発表の内容は，縄跳びとダンスとなりました。長縄跳びは，8の字跳びで1分間100回を目標とし，ダンスは有名ダンスチームの曲に決まりました。どちらも難しく，習得には困難が予想されたため，私は，

第3章　最高のチームを育てる学級目標　作成マニュアル&活用アイデア　小学校中学年　89

子どもたちに,「休み時間がすべてなくなるかもしれないよ。それでもやりますか」と尋ねると,子どもたちは全員が挙手をしました。私は覚悟を決めました。私は,発表のタイトルを『協力～マッスルミュージカル in ○○小～』としました。学級目標から『協力』の文字を入れました。それから1か月間,授業だけでなく朝活動も休み時間も放課後も練習をする日々が続きました。この学習発表会の内容を決めるまでの過程や,練習のエピソードは学級便りで細かく保護者に発信しました。すると,ある保護者から,「おそろいのTシャツを作りませんか」と提案がありました。お便りで他の保護者に提案してみると,全員の保護者が同意してくれました。そして,保護者も全員購入し,学習発表会に親も子どもも同じTシャツを着ることになったのです。本番の3日前についに1分間で104回を跳ぶことができました。その時の子どもたちは喜びを全身で表し,自分たちがやってきたことが実を結んだことを実感していました。

　そして,ついに本番の日が来ました。残念ながら長縄跳びでは,失敗してしまいましたが,ダンスを泣きながら見ていた保護者もいたとのことです。見ている人にはクラスのチームワークが高まっていることは十分に伝わったと思いました。子どもも,親も,学級目標のもとに,一つになれた気がしました。

写真③　ダンスをしている場面

　学校行事の教育効果は絶大です。私は,学級がチーム化していくには,学校行事は欠かせないものだと思います。そして,その学校行事を引き立てるのは学級目標です。二つをリンクさせていくことで,その効果は2倍にも3倍にもなっていきます。そこに学級担任の思いも加われば,さらに,その効果は何倍にもなるのではないでしょうか。　　　　　　　　　（和田　望）

【参考引用文献】
赤坂真二:『スペシャリスト直伝！　学級をチームにする極意』,明治図書,2013
河村茂雄・藤村一夫・浅川早苗:『Q-U式学級づくり　小学校中学年』,図書文化社,2009

第4章

最高のチームを育てる学級目標 作成マニュアル＆活用アイデア

小学校高学年

行事や活動ごとに充実した振り返りができる学級目標づくり

1 私と「学級目標づくり」との出会い

「決めっぱなしの学級目標」「飾りっぱなしの学級目標」と聞いて,ドキッとする方は,少なくないと思います。かくいう私も学級目標は,「みんながつくっているから」つくるものであり,「教室掲示」として飾るための学級目標づくりからスタートしました。

私が教師になった頃,ちょうど教室の荒れから,「学級目標づくり」が叫ばれ始めていました。全国各地で行われるセミナーに参加し学んでいる時,一緒にいた友人から「学校生活で何か事件があった時,何か行事に取り組む時,学級目標に立ち返って目標をつくり,そしてその目標を振り返る,どんな実践より,着実に子どもが成長すると思う」と聞いて,衝撃を受けました。当時の私は,全国的に有名な講師の実践を知り,それを自分なりにアレンジして取り組んでいました。子どもたちは,そういった実践に目を輝かして取り組み,成長していきました。私は,次の斬新な実践を探し回っていました。

そんな時の友人の一言です。はっとさせられると同時に,自分なりにこだわって取り組んでみようと思いました。私が取り組んだのは以下の三つです。

①学級目標が,自分たちの目標だと思えるようにすること
②学級目標を,具体的な行動目標に考え直し,取り組むこと
③取り組みを終えた時,振り返りをすること

上記の取り組みをすると,子どもたちの様子が少しずつ変わってきました。子どもたちが自立し,どことなく自信に満ちてくるのです。ではどのように取り組んだのか,ご紹介したいと思います。

2 学級目標のつくり方

(1) 子どもと保護者が学級目標を考える

　私は学級開きの日に出す宿題があります。

> 「どんな学級にしたいか，お家の方と話し合ってきてください」

　宿題をするのには，二つの理由があります。

　子どもたちは，学級開き初日に，担任の先生と出会います。「よっし！ この学級で頑張っていこう！」と思っている初日に宿題にすることで，今年1年の「希望」を描きます。学級での生活が始まると，現実的な問題が次々と出てきます。「どうせ，駄目だし…」と思う前に，「こうなりたい」と願って，成長のエネルギーにしてほしいのです。これが一つ目の理由です。

　二つ目の理由は，学級目標を保護者と一緒に考えるためです。子どもたちは，担任発表の後，家に帰ります。保護者にとって一番気になるのは，「今度の先生はどんな先生なのか？」「どんなことをしてくるのか？」です。ともすると「先生」の品定めになることもあるかもしれません。しかし，大事なのは「先生がしてくれること」ではなく，「どのように生活していくか」なのです。そのために，「どんな学級にしたいか」をご家庭でよく話し合っていただきます。話し合う中で，1年間どのように過ごしてほしいか，保護者の願いが子どもに伝わります。子どもたちは，自分にとって一番信頼している保護者の意見を聞きながら，今年1年，どのように生活していきたいか考える，その作業を大切にしたいと考え，宿題にしています。

子どもや保護者が，家庭で，学級の理想を語る場を設定する

　宿題にする際，人形をパペット代わりにして，人形が子どもたちに宿題を出す（低学年バージョン），「なぞの神様」からの手紙を封筒に入れ，教室の隅に落としておく（中学年バージョン）といった演出をすると，子どもたち

はさらに意欲的に取り組みます。

(2) 意見の集約

　宿題にすると，一生懸命考えて，ノートに書いてくる子，保護者の願いをメモに託され持参する子などがいる一方で，何も考えてこなかった子もいます。まず，そういった子どもたちの意見を，すべて列挙していきます。子どもたちには以下のように説明します。

①今から画用紙の短冊を一人３枚渡します。
②家で考えてきた学級目標を，一つずつ大きく書きましょう。
　※「いじめがなく，協力できる学級」の場合，「いじめがない」と「協力」の２枚になることを説明する。
③４枚以上書きたい人は，先生のところに取りに来てください。
④書ける時間は５分間。時間で書けないことのないように，大切だと思うことから順に書いていきましょう。その場で思いついたものを書いてもいいです。
⑤では，始めてください。

　時間を制限することで，子どもたちは集中して書くでしょう。時間が余っているような子どもには，「後で発表する時，どうしてそう思うのか，理由も言ってもらうので考えておいてね」と伝えておきます。
　時間になったら一人ずつ発表していきます。発表したら前の模造紙に貼っていきます。一番下に台紙を用意し，「剥がせる糊」を使うと，後々仲間分けする時，便利です。もし，同じ言葉だったら重ねて貼ります。子どもたちは，口々に「理想」を語ります。教師や大人の想定した範囲を探り合い，小さくまとまるのではなく，自分たちで理想を語り合い，自分たちがどうありたいか絞られていく，子ども特有の世界を一緒に楽しむつもりで話を聞きます。
　すべての意見が出たところで次のように伝えます。

たくさんの意見が出ましたね。みんなが「この学級をよくしたい」「１年間，

頑張りたい」という気持ちが伝わってきてうれしかったです。出された意見は，しばらく教室に貼っておきます。自分たちの目標に何がふさわしいか考えておきましょう。

　教師は出された発言や掲示物を見ながら，目の前の子どもたちが何を考え，子どもたちにとって何が必要か，じっくりと考えます。学級目標は，子どもたちだけで決めるものではありません。教師と子どもが共に考え，教師の考えのもと，決めていくものです。教師が目の前の子どもたちをどうしたいのか，それが一番重要になってきます。

> まず教師が，目の前の子どもたちの実態から，子どもに付けたい力を学級目標として考える

⑶　仲間分けして，学級目標の言葉を決める

　4月下旬～5月上旬にカテゴリー分けして，学級目標を決めます。子どもたちは，約1か月間生活してきて，だいたいの学級の様子，自分の課題，学級の課題を理解しています。教師も子どもたちも，だいたい把握したそのタイミングで，次の作業に移ります。

　貼り出された紙を見ながら，仲間分けをします。同じだと思うものを言っていきましょう。

　子どもたちは「『けんかのない』と『仲良く』が仲間である」と言うように，発言をしていきます。教師は発言を聞きながら，仲間分けしていきます。
　この仲間分けが，とても大切です。学級目標で出される言葉には，具体的な言葉と抽象的な言葉があります。例えば，「時間を守る」というのは，とても具体的です。時間を守ったか，守っていないか，すぐにわかります。一方で，「けじめ」という言葉は，抽象的です。何をもって「けじめある行動」なのか，人それぞれ違います。「けじめある行動」の一つとして「時間を守

る」という側面が見られます。後に，学級目標をもとに，振り返りをしやす
くするためには，より抽象的な言葉のもとに集約していく方がいいでしょう。

> **仲間分けの際，より抽象的な言葉にまとめていく**

　集約しながら，二つにまでまとめていきます。これは私の経験ですが，後
で振り返りしやすいようにするためには，二つ，ないし三つにするといいで
しょう。項目が多ければ，目標設定や振り返りに時間がかかりますし，子ど
もたちにとっても何を意識すればいいのか，わからなくなります。

　その際，Ａ：個人の努力によるところが大きい目標，Ｂ：他者とのかかわ
りによるところが大きい目標を，一つずつにできるといいでしょう。以下に
学級目標でよく使われる言葉を，Ａ，Ｂに分けてみました。

Ａ：個人の努力による ところが大きい目標	見方によってＡ，Ｂど ちらでもよい目標	Ｂ：他者とのかかわり によるところが大きい 目標
けじめ 努力　一生懸命 勉強を頑張る 挨拶　元気	楽しい　笑顔	仲良し　いじめのない 協力　友情 優しい　思いやり

　例えば，「けじめ」は，個人的に努力するものです。他者がかかわっても，
どんな環境にあろうとも，最終的には自分でけじめのある行動をとらなけれ
ばいけません。一方で，「協力」は他者との関係の中で，初めて生まれてく
るものです。かかわる相手によって協力の形も質も変わってきます。

(4)　合い言葉を決める

　言葉を二つに選んだら，合い言葉を決めます。

> 　この言葉をぱっと思い出せるような合い言葉を決めましょう。合い言葉です

から，みんなが使いやすいものがいいですね。

　高学年の場合，学級目標は子どもたちだけで話し合うことで，学級目標がより自分たちのものになり，目標を設定したり，振り返ったりする際，自分ごととして捉えることができます。低学年でも話し合い活動の時間で決めることができますが，発想が固く，意見が出ない苦痛の時間となります。子どもの実態に応じて，可能であれば話し合い活動の時間に決め，無理なようであれば，教師が司会をしながら，楽しい雰囲気のもとで，決めるといいでしょう。

合い言葉は楽しい雰囲気の中，決める

(5) 学級に掲示する

　学級目標を掲示します。みんなで決めた学級目標ですから，みんなで作成するのがポイントです。以下に，今までつくった学級目標を紹介します。

ア：言葉と似顔絵

　中心に決まった言葉を教師が書き，その周りを，子どもたちの自画像で囲む形です。全員の自画像で，学級目標を囲むことで，一体感を出すことができます。

イ：一人一文字貼り絵をする

　一文字ずつ子どもに割り当て，貼り絵を

ア：言葉と似顔絵

します。子どもの実態に応じて，貼り絵に使う色紙の種類，文字の枠を用意すると，活動がスムーズに進みます。貼り絵が乾いた後，黒のクレパスなどで文字の輪郭をはっきりさせるときれいに仕上がります。

ウ：キャラクター化

　合い言葉を，キャラクター化します。キャラクター化することにより子どもたちは，学級目標に親しみを覚え，意欲的に目標に向き合おうとします。

　　イ：一人一文字貼り絵をする　　　ウ：キャラクター化

3 学級目標を年間の活動に位置付ける

　学級目標を学級全体で一生懸命作成して，あとは「そのまま…」ということがないように，ここでは学級目標を使った取り組みを紹介します。

(1) 行事ごとに目標を立てて，振り返る

　学年の大きな行事に取り組む際，取り組みの過程での目標を学級目標に合わせて決めます。以下の手順で取り組みます。

> ①教師が願いを語る
> ②当日の具体的な姿を全体で共有する
> ③当日までどのように取り組むか考える
> ④学級の友達に宣言するつもりで，発表する
> ⑤取り組み中，振り返りカードに記入する

　子どもたちは，「協力」という学級目標が大切だとは理解していても，どうすれば「協力」になるのか，わかりにくいようです。ですから，活動が定着するまで，①や②で教師の願いを語り，その具体的な姿を共有することは，とても大切です。

　学級目標に対して，子どもたち一人一人取り組み方は違います。教師はそ

の子に合った取り組み方を，一緒に考えるつもりで，当日までどのように取り組むかワークシートに記入させます。子どもたちの発表を聞き，場合によってはその場でアドバイスしていいでしょう。発表を聞いている周りの子どもたちにも，「行事にかける友達の願いを，しっかり聞いておきましょう。それが，行事で本当に友達が困っている時に，ひと声かけられる人になるか，かけられないかだと思います」と伝えます。

　行事に向けて活動するたびに，振り返りを行います。行事で慌ただしく，時間がギリギリの中で，振り返りの時間は惜しいはずです。ですから，上記のように，①〜⑤のワークシートを最初から用意し，取り組み期間中は，○をつけるだけ，一言書けるスペースくらいを用意しておきましょう。

　行事前日に用紙を集め，それを黒板に貼ります。カラーの用紙にしておくと，黒板が華やかになり，当日やる気をもって取り組むきっかけになります。

↑運動会当日の黒板
この時は，一人一言目標を書いた

行事が終了してもそのまま貼っておきます。翌日，登校した時，黒板がそのままだと，子どもたちは行事がまだ続いている感覚になり，その後の振り返りがしやすくなります。

第4章　最高のチームを育てる学級目標　作成マニュアル＆活用アイデア　小学校高学年

(2) 具体的行動目標を立てて，振り返る

　1年の初めに，5段階の規準を伝え，今回の行事で自分はどの段階の力を出すか，子どもたち自身が決めて取り組む方法です。

　以下のような手順で取り組みます。

> ①教師は，5段階（五ツ星）の表を提示する。
> ②子どもは，5段階の中で，今回の取り組みは，何段階め（星いくつか）で取り組むか決め，その理由を考える。
> ③子どもは，具体的な行動を考える。
> ④発表する。
> 　〈取り組み〉
> ⑤振り返りをする。

　この実践は，まず子どもたちが自分の「在り方」を決めるものです。子どもたちは自分の「在り方」を自分で決め，努力します。教師はその子どもの「在り方」を認め，支援します。教師は，子どもに期待をし，そして要求します。子どもはその期待に応えようと努力し，成長していきます。そこに教育の本質があることは，否定しません。しかし，過度の期待が子どもを追い詰め，そして上手に期待に応  えられる子だけが，成長しているような状況になっていないでしょうか。この実践は，子ども自身が「在り方」を決めることによって，教師が過度の期待によって子どもを追い詰めることを防ぐこともできます。

　子どもが，取り組みに対するスタンスを決める段階で，もし，もう少し目標を高く設定してほしい，そう期待しているのであれば，教師はその願いを，そのまま伝えます。子どもはその願いを聞きながら，自分の目標を設定します。仮に，それでも教師の願いどおりにいかなくても，子どもの選択を尊重しましょう。

取り組み中，教師は子どもの様子をじっくりと見取ります。その場でメモをしておくと，後で誰がどのように頑張っているかわかり，いいでしょう。多くの子どもは，自分が設定したよりも高い段階で頑張りを見せます。それはそうでしょう。目の前に取り組むことがあるのに，頑張らない子どもはいません。それを一つ一つ丁寧に見守り，場合によっては声かけしていきます。

　この活動で一番大切なのは，振り返りです。子どもたちは自分の行動を，よくわかっていません。「今回は自分のことをしっかりやる」つもり（三ツ星）で取り組んでいても，結果それが他人のためになっていることが多いです（四ツ星）。そのことを，子どもたちに伝えていきます。「あなたのこの行動に意味があった」と伝えられれば，子どもの世界は一気に広がります。

　振り返りの際，ワークシートを用意し，自分の今回の行動が何星だったか，考えて色が塗れるといいでしょう。星を毎回貯められるようにすると，自分の取り組みが可視化されます。

　振り返りをワークシートに記入する際，自分の頑張りが，学級目標とどのようにつながっているのか，考えるように伝えます。個人の頑張りの集大成が，集団の達成感となります。この感想は，機会を見つけて学級で共有できるといいでしょう。子どもの感想を紹介します。

> 　私は小学校最後の縄跳び大会で，新記録は出せなかったけれど，みんなが真剣な顔つき，姿勢で大会に出ていてよかったと思いました。わたしも，新記録を出そうと本気でできたのでよかったです。星で言うなら，五ツ星です。また一つ，みんなで協力して，友情も深まったと思います。
> ※この時の学級目標は，「笑顔と友情」がテーマ

(3)　一人を全員で評価する

　行事などで取り組む際，実行委員会を組織することがあります。学級の友達全員が，その「実行委員」の頑張りを伝えます。

　次に示す方法で，活動を進めます。

①実行委員選出時，「活動が終わる時，この実行委員の頑張りをみんなで発表する時間をとります」と子どもたちに伝える。

〈活動〉

②活動終了時，全体の振り返りが終わった後，教師は子どもたちに「では，実行委員の友達の頑張りを伝えましょう」と，学級の子どもたちに投げかける。

③実行委員の子どもたちが前に立ち，一人一人実行委員となった子どもの頑張りを伝える。

④最後に，実行委員の子どもから，感じたことを伝える。

⑤先生から話をする。

　学級から数名の代表者が選出され，行事を子どもたちが企画・運営していくものです。こういった「実行委員」を組織した場合，実行委員の子どもだけが課題に向き合い，成長することが多いと思います。ひどい場合は，実行委員の子どもだけが苦しみ，怒られ，そして行事が消化されていくこともあります。一人の学びから，学級の子どもたちが学び，そして自分が同じ立場になった時，自信をもって行動できるようになってほしい，そういう願いをもとにこの実践を考えました。

　高学年ともなれば，それぞれの子どもたちが様々な視点で友達の行動を見て，そしていろいろなことを感じています。そのことを直接伝え合いながら，その行動の価値を確認していくのです。

　宿泊学習の実行委員の友達へ言った子どもの感想です。

　僕は，Mさんが実行委員になった時，正直，「いつも大人しいから大丈夫かな？」と心配していました。けれど，Mさんは，いつもまじめに，少しだけ早い時間に，実行委員の集合場所へ行っていました。宿の部屋でみんながふざけて盛り上がっている時でも，必ず早めに集合場所へ行って，僕らのために準備をしていました。Mさんがいたから，僕らは宿泊学習を楽しめたのだと思います。Mさんは学級目標の「友情」を誰よりも達成していたのだと思います。

私は学級目標を引用していたこの子どもを，その場で大いにほめました。ある子どもの行動は，必ず誰かのために役に立っています。それをバラバラに紹介し合ってもいいのですが，できたら学級全体にテーマが欲しいです。その方が自分たちの積み重ね，成長がわかるからです。

　この時から，実行委員になったら，周りの友達よりも一歩先に行動することが大切であるという価値が，学級に広がりました。そして，学級でそうやって友達のことを考えて行動する，学級目標「友情」を具体的に行動する友達のことを認め合う雰囲気ができていきました。

学級目標の真の活動は振り返りにあり

　学級目標について，いくつか取り組みを紹介しました。ここまで読んで気が付いた方もいると思いますが，学級目標の真の活動は，振り返りにあります。なぜならば，多くの子どもたちにとって，行事や活動は，一生懸命やるものだからです。先生も，行事や活動をいかに充実させるか，いかに感動した時間になるか，指導方法を吟味し，話し合い，そして実践されていることでしょう。だからこそ，そのことについて振り返る，「価値付ける」時間が大切だと思います。高学年の場合，意図して「価値付ける」ことをしなくても，子どもたちの間で気が付いている「価値」があります。それは「なんとなくわかっている大切なこと」として学級の空気の中に存在しています。それを共有し，確認する手段として，「学級目標」があり，「振り返りがある」と言ってもいいのではないでしょうか。

（松下　崇）

学級目標は「宝島」
～海賊船〇組号の目指すもの～

1 私にとって学級目標とは

(1) 海賊船〇組号の目指すものは？

　組織のリーダーの絶対条件を一つ挙げるとしたら，方針を示せることです。
　海賊船を思い浮かべてください（某人気漫画を思い浮かべるとわかりやすいかもしれません）。エネルギーに溢れた船員一人一人は，それぞれ違う願いをもっています。みんながやりたいようにやっていては，船内でけんかになるだけで，船は動きません。個性の強い船員たちであればあるほどそうです。海賊船という大きなものを動かすには，それぞれの長所を活かして役割を分担し，全体を統一してくれる船長が必要です。
　海賊船の船長は，バラバラの願いの方向性を揃えるために，船員に「夢」を見せる必要があります。「みんなで力を合わせて進めば，こんなお宝が手に入る」という夢です。
　つまり「みんなが欲しいと思う宝物」が設定されれば，それを目指して一致団結します。その宝がある島（＝宝島）の方角がわかれば，船を漕ぐ方向も決まってきます。

　学級を海賊船，船長が担任，船員が子どもたち，宝物が目的で，宝島が学級目標だと考えてください。学級経営は，宝探しの大航海です。そして学級目標は，学級「海賊船〇組号」にとっての「宝島」そのものです。どちらの方向にあり，どんな姿形なのか，具体的に見えるようにしていきます。
　学級目標がないということは，目指すものがないということ。もしその状

態であるなら，船員が力を合わせて一所懸命に漕いでも，船は大海の中をぐるぐると回るだけです。徒労に終わります。

（ちなみに，この「大海に浮かぶ船の漕ぐ方向を揃える」という考え方は，私の師事する国語の大家，野口芳宏氏に教わったものです）

(2) **学級目標でチームになる**

一つの目標に向かっていれば，チームになります。

野球やサッカーのチームならば，大会での優勝など共通の目標が常にあるので，まとまりやすいです。

しかし，学級は，意識させないと，「烏合の衆」になりがちです。極端な話，特に目的があろうがなかろうが，子どもにとって学校は来るべきところだからです。ともすれば大人にとっての職場も，同様のことがあります。ただの集団をチームにするため，旗印として掲げる共通の目標が必要です。

３月にゴールすべき島はどこなのか，常にチームとして意識して向かっていくためにも，学級目標は必須と言えます。

(3) **学級目標はいつ頃つくるべきか？**

学級目標は，なるべく早い段階でつくる方が望ましいです。できれば，１週間で大まかな方向性を決めていきます。

理由は，初期の方が，学級が「柔らかい」，即ち「変化を受け容れやすい」状態だからです。

また，早いうちに方向性が決まっていた方が，力を合わせやすくなります。とりあえずでも，大まかな方向性を決めてしまう方がいいというのは，学級経営全般に言える原則です。

そして１か月ぐらいまでには，具体的な目標として固めていきます。後で

少し変わることがあってもいいので、できるだけ早く決めてしまうのをおすすめします。

目標さえ決まればそちらの方向にみんなで進めるし、位置が多少ずれても対応できます。とにかく「どっちに漕いでいいのか全くわからない」という事態だけは避けるため、早い段階で決めていきます。

2 学級目標作成の手続き

(1) 担任の方針を伝える

学級目標は全員でつくるものですが、いきなり自由につくれと言われても子どもは戸惑います。繰り返しになりますが、ある程度の方向性を示すのがリーダーの役割です。

初日、どんな大まかな形でもいいので、担任としての方針を伝えます。
「明るいクラスにしたい」
「やるべきことをきちんとやるクラスにしたい」
「元気いっぱいのクラスにしたい」
「思いやりのあるクラスにしたい」
「磨き合えるクラスにしたい」
……

学級の数だけ無限にあります。具体性を欠いている方針で構いません。

いきなり語るのは難しいという場合、「担任自己紹介クイズ」と銘打って、その中に方針を入れていく方法もあります。やり方は簡単、○×クイズ形式で、最初の方は「私はラーメンが好き」というような、本当の自己紹介をしていき、後半に次のような項目を入れていきます。

「私は、毎日休み時間にみんなと遊ぶのは面倒くさいと思っている」＝×
「私は、授業で間違った答えを言うのは悪いことだと思っている」＝×
「私は、子どもも大人も素直なことが一番大切だと思っている」＝○

つまり「休み時間はみんなで遊ぼう」「間違いを大切にしよう」「素直が一

番」という担任の基本的な考えを伝えることになります。

　他にも，学級通信に書いたり，自分の名前の「アクロスティック（あいうえお作文）」を利用して方針を伝えたり，方法は様々です。そこは，自分の個性が最も光る方法を選択すればよいと思います。

　この自己紹介や語りをもとに，子どもは自分の願いと照らし合わせ，ぼんやりとですが「どんなクラスにしたいか」という大まかな目標を考えることになります。

(2)　アンケートで一人一人の願いを吸い上げる

　次は，個々の願いを吸い上げるためのアンケートの実施です。次の二つの項目について，自分の願いを記述させます。

> ①どんな学級になれたら最高ですか。
> ②どんな学級になってしまったら最低ですか。

　最高と最低を聞いておくことで，どんなクラスにしたいのか，どんなクラスにしたくないのかがわかります。

　なお，この後全員の書いたものをパソコンで打ち直して全員に配ることを予告しておきます。ただし，「誰がどれを書いたかは全くわからないようにします」と伝えておき，安心して書けるようにします（なお，この手法と以下に紹介する手順は，「原田教育研究所」代表の原田隆史氏の手法をもとにして，小学生向けに簡略化したものです）。

(3)　全員で一度すべての願いを共有する

　目指す方向は，全員で共有していることが大切です。完全とはいかなくても，全員が納得していることです。だから，最終的には全員でつくって決める必要が出ます。そちらに行きたいとみんなが思ってないと，行動がまとまらないからです。「自分の意見は全然聞いてもらえなかった」と思う人が出ると，チームとしてうまくまとまりません。

第4章　最高のチームを育てる学級目標　作成マニュアル&活用アイデア　小学校高学年　107

そこで，アンケートで出たそのままの言葉を載せて用紙にまとめ，印刷して配ります。文字通り「全員」の意見を載せます。中には「これはどうかな」と思うものもありますが，特定の個人を非難したり傷付けたりするものでない限り，すべて載せます。「自分の意見が載ってない」と思われないようにするためです。そうすることで，書いた本人は「自分の意見もクラスの一意見として認められている」という実感が湧きます。また，読んだ人も「こういう考えをもっている仲間がいるのか」と知ることができます。

　実は，ここが先のアンケートで「最低」を書かせた方がいい理由の一つです。実は，学級目標をつくるだけなら「最高」を書かせればできます。しかし，ここで「最低」の意見を出すことで，ある子どもは「これはやってしまったことがある」と自覚する

ことになります。別に誰に反省しろと言われている訳でもなく，自省します。書いた方はすっきりします。別に個人宛に攻撃しようとした訳ではなく，「こんなクラスは嫌だ」という例を挙げたに過ぎないからです。しかし，似た意見が複数書かれてあれば，これはこたえます。「もうやめよう」と気付きます。どんなやんちゃな子どもでも，自分自身の内面の言葉には説得されます。穏やかな，しかし効果的な生徒指導を兼ねることになります。

(4) キーワードを選ぶ

　子どもたちはアンケートを読みながら，いいと思った意見に赤で○を付けてチェックしていきます。そして，用紙の最後でチェックしたものを見ながら，次の質問に答えて書いてもらいます。
　①理想の学級に近づくためのキーワードを三つ
　②最低限できていないと困ることを表すキーワードを三つ
　なお，実物は以下のようなプリントになります（一部加工してあります）。

名前（　　　　　　　）

みんなから出た意見を全て書き出して見ました。真剣に書いてくれてありがとう。

出た意見、全てに目を通してください。

「これは大切だなぁ！」「これはいいこと言ってる！」「自分もそう思う」「これをしたら理想の○組になる」「これをしなかったら理想の○組が実現する」という意見を見つけてください。

1と2について、それぞれ3つずつ（それ以上でもOK）、良いと思う意見を見つけて赤で印をつけましょう。

1．どのような学級が「理想の学級」ですか。
・団結力がある　・明るく元気　・みんなが優しい　・仲良し　・進んで人助けをする
・みんなの雰囲気がいつも温かい　・人の心を考えて行動できる　・熱くて温かい　・きれい
・ごみが落ちてない　・いいあいさつができる　・どんなことでもみんなで協力して助け合える
・人のためにいろんなことをやる　・困っている人を助けてあげる　・あきらめない
・けんかをしない　・（世界一）いじめがない　・みんながいつも笑顔　・みんながいつも親切
・男女差別なくやれる　・負けても次をがんばれる　・何が起こっても話し合いで解決できる
・みんなが人のために色々なことをやる　・自分達に自信が持てる　・「すごい学級だな」と思われる
・何事にも真剣にやる　・みんなありがとうが言える　・学校に来るのが楽しみになる
・男女関係なく楽しめる　・一つのことに一生けん命協力できる　・けんかをしてもすぐ解決できる
・休み時間に誰でも気楽に遊んで楽しめる

2．どのような学級が、「嫌な学級」ですか。
・困っている人を見て見ぬふりをする（知らんぷり）　・かげ口や悪口がある　・暴力がある
・一定の人に逆らえない・人の失敗を笑う　・けんかをしたり、それをとめない　・仲間外れがある
・みんなで協力ができず、バラバラ　・けんかやいじめがある　・暗い　・あいさつをしない
・掃除をやらない　・授業をきちんと受けない　・男女などの差別がある　・人の嫌がることをやる
・みんなが冷たい、冷ややか　・仲間外れがある　・負けた時などにねちねちしつこく言う
・思いやりがない　・面白くない　・小さなことができない　・無視する人がいる
・誰かの意見にいちいち文句を言う　・冷めた態度　・いつも怒ったような顔　・人を見て笑う
・人のために何もしない　・自分の責任を持たない　・ものごとを楽しめない　・こそこそしている
・元気がなく、周りの人から見て「何あの学級？」と思われてしまう　・男女の互いの良さを見つけない
・やるべき時にやるべきことをきちんとしない（音読、手を挙げるなど）

★あなたが赤でチェックをした意見に注目してください。
そこから、「○組のキーワード」を3つずつ、考えてください。

	最高の、理想の、最強の○組になるためのキーワード		○組、これは絶対できてほしい！を表すキーワード
1		1	
2		2	
3		3	

みんなが注目した意見、出してくれたキーワードをもとに、先生が責任を持って、みんなの思いがこもった「理想の2組になるための目標」の原案を作ります。

(5) 合い言葉と目標を文章化する

先のキーワードをもとに，合い言葉と目標の原案をつくります。

合い言葉は「キャッチフレーズ」や「スローガン」に近いものです。チームに一体感をもたせ，やる気を鼓舞するためにあります。よってこれは「日本一」のように少し大きく出ても構いません。

一方の目標は，目指すべき姿です。具体性を欠いてもいいので，現状よりプラスの姿をイメージできる文章にします。三つ程度の短い文章にします。

短ければ，全員覚えられるからです。

　原案を示し，学級会で話し合って通れば，決定です。その際の大切なポイントは「マイナス言葉はプラス言葉に変換」です。「いじめがない」は「仲良し」などに変えます。プラスの言葉を溢れさせる視点が大切です。

(6) 学級目標を作成・掲示する

　掲示物を作り，前方に掲示します。理由は，意識化のためです。いつも目に付く前方に貼ります。

　作り方は役割分担して行います。子どもの得意技を提供してもらいます。絵が得意な子どもはデザインやイラスト担当，習字が得意な子どもは文字担当です。

　右の2枚のうち，上の写真はデザインを全員から公募して決め，画用紙の貼り絵で構成したものです。「3」を「SUN」と読み，「太陽」と「ひまわり（サンフラワー）」を連想し，モチーフにしています。

　下の写真は，筆で文字を書き，デザインはシンプルに「2」の文字を「ニコニコマーク」で囲ってあります。こちらは全員が一言ずつ書いています。この「全員」で作るというのが大切です。

　言葉は流れるので，視覚化が大切です。曖昧なものを目に見えるようにすることで，輪郭をはっきりさせます。

　なお，特別支援の視点からすると，前方は何もない方がよいこともあります。配慮が必要な子どもがいる場合は，後方に掲示するなどして，必要な時に全員がさっと見える位置に貼ります。

学級目標を学級づくりにこう活かす！

(1) 学級目標がクラスの在り方を決める

　学級目標は「こうなりたい」という姿が文字になっています。よって，ことあるごとに学級目標を読ませるだけで，自分たちのしていることが目指す姿からぶれていないか，確認することができます。

　例えば「元気いっぱいのクラス」を学級目標の一つにしたとします。

　すると，朝の歌を大きな声で歌うことになります。

　外でたくさん遊ぶことになります。

　運動会の時期には，応援の声を全力で出すことになります。

　同様に「思いやりのあるクラス」にした場合はどうなるでしょう。

　授業中，困っている友達がいたら，必ず助けることになります。

　休み時間，ひとりぼっちで座っている子どもがいたら，声をかけることになります。世のため，人のためになることを進んですることになります。

　このように，どんな学級目標を設定するかで，学級のカラーが決まり，行動傾向が決まります。以下，具体的にどのような場面で活用できるか見ていきましょう。

(2) 朝の会は学級目標からスタート～声のよく出る学級づくり～

　一生懸命考えてつくっても，忘れられがちなのが目標です。

　忘れないようにするにはどうすればいいのでしょう。

　「よく見える位置に掲示する」ということを先に書きましたが，見慣れると風景と化すため，それだけでは効果がなくなります。

　例えば，職員室前方に貼ってあり，毎日眺めているはずの学校教育目標がすらすら言えるでしょうか。なかなか難しいと思います。そこにあるけれど，見ていないからです。

　要は，毎日振り返ったり確認したりできるような仕組みにすればいい訳で

す。日々の日課として，システム化すれば確実です。

　そこで，朝の会のメニューでは，挨拶の次に学級目標を全員で一斉に読む活動を入れます。朝の最初の声出しになるだけでなく，意識付けにもなります。こうすると毎日声に出して読むことになるので，全員が自然に暗記します。6年生の学級目標を，卒業して何年経っても覚えていたりします。それぐらい，自然と体に染みつきます。

　なお，この活動の副次効果として，何かにつけてよく声が出るクラスになります。「声がうまく出ない」というのは，往々にして「雰囲気」に左右されることが多いからです。また，個人で読むより，全体で読む方がハードルが低いため，合唱は声出しの練習にもなります。

(3)　帰りの会で学級目標の振り返り

　毎日の取り組みで，「3分間作文」のような振り返り活動をしている学級もあると思います。この短い時間に，学級目標に迫ることができたかをテーマに書かせます。すると，毎日のようにあるので，書くという目的意識が働き，日常生活の中で学級目標を意識して行動する子どもが増えてきます。

　また，担任の方も，子どものよい行動を把握することができます。

(4)　学級通信でも学級目標～学級目標に保護者を巻き込む～

　学級通信では，ことあるごとに学級目標についてふれます。目標を決める段階から記事にして，保護者の理解を得ておきます。どういう経緯で学級目標ができたかを知ってもらえば，保護者を巻き込み，そこに向かって取り組む子どもを応援しやすくなります。

　また，学級目標を視点の基準に置き，学級での出来事を取り上げていきます。学級目標という明確な基準があるため，そこに近づく成長の様子がよくわかります。

　次に実物例を載せます。

子ども自身の言葉も載せることで、どこを目指してどの辺りにいるのか明確になり、保護者の理解を得やすくなります。

(5) 行事で学級目標をフル活用～行事ごとのテーマをつくって～

　例えば運動会や全校音楽会などの学校行事は、学級目標の活用の最大のチャンスです。勝負事や発表などがあると、「優勝」「感動する歌声」などの具体的な目標が定まり、チームがまとまるからです。

　この行事ごとの目標達成を通して、学級目標に迫るようにしていきます。

　例えば学級目標に「何事も一生懸命」という言葉があった年、運動会のクラステーマを話し合うと「全力で、あきらめない運動会」となりました。つまり、練習には本気で取り組み、徒競走やリレーで最後尾であろうと、ゴールまで走り抜くことが求められます。それをしないと「口だけ」ということ

第4章　最高のチームを育てる学級目標　作成マニュアル&活用アイデア　小学校高学年　113

になります。

　なお，この時のテーマや目標設定は，子ども全員で話し合って決めることが大原則です。絶対に，担任の目標を押しつけないことです。

　実際は担任の側も目標を持ち，そこを示して共有していく場面がありますが，押しつけはしません。あくまで「子どもたちが話し合い，決定した」という形にもっていきます。ここを外すと，後々の指導が行き届かなくなります。

　例えば目標を立てたのに，全然練習をしない状態になる時があります。

　担任が目標を決めた場合だと，「先生が勝手に決めた。自分は言ってない」と子どもは考えます。

　子どもが目標を決めた場合だと，「自分たちで約束して決めたことだから，頑張らないと」となります。

　両者は天と地ほどの違いがあります。

　前者の場合，担任の指導は空回りします。押しつけられた目標だからです。

　後者の場合なら，担任の指導が子どもの中にすっと入ります。言い出したのは自分たちであり，担任はその願いをサポートする立場にあるからです。

　だから，必ず学級会を開き，きちんと公の場で子どもたちに決めさせます。

　これは，チームの目標設定の際の絶対の大原則です。

　これは一例ですが，ある年の５年生で「市民縄跳び大会」にクラスで取り組んだ際の出来事です。チームの目標は「大会優勝」で，テーマが「クラスの団結力を深める」「一人一人の心と体を強くする」でした。大会に向け，途中に様々な困難がありながらも，一致団結して練習を積んできました。

　大会当日，縄の回し手の子どもに熱があることが判明しました。何と，発熱を隠して会場に来ていたのです。交替要員もいたのですが，臨時学級会の結果，そのままいくということで決定しました。この大縄というのは，20ｍ以上あり，回すには体力と技術と回し手２人のぴたりと一致した呼吸，とっさの判断力を必要とします。縄はいつものきれいなアーチとは程遠い動きをし，跳び手の必死のジャンプも虚しく，あえなくすぐにひっかかりました。

114

大会終了後のミーティングで，リーダーが次の発言をしました。

「目標には達しなかったけど，目的を達成できた。団結力が深まったし，一人一人が強くなった」さらに被せるように仲間が「この悔しさをバネに，６年生で頑張れると思います！」と発言。うれしくて，涙が出ました。勝ち負けを越え，悔しさと誇らしさの混じった，複雑な感情でした。みんなで目標を共有し，理解していたからこその出来事です。

その目標の先に何があるのか。「宝島」に眠る本当の宝とは何なのか。

これこそが，学級目標を達成していこうという動機につながります。

学級目標は，「宝島」であり，子どものもつ無限のエネルギーを最大限に引き出す手段です。

（松尾　英明）

【参考文献】

目標設定について，以下の文献を参考にしました。

＊赤坂真二『スペシャリスト直伝！　学級を最高のチームにする極意』明治図書，2013

＊原田隆史『カリスマ教師の心づくり塾』日本経済新聞出版社，2008

＊原田隆史『成功の教科書』小学館，2005

＊原田隆史『カリスマ体育教師の常勝教育』日経ＢＰ社，2003

＊飯村友和・松尾英明『子どもの顔がパッと輝く！　やる気スイッチ押してみよう！　元気で前向き，頑張るクラスづくり』明治図書，2014

3 僕らの学級目標ができるまで

1 学級目標は必要か？

そもそも考えてみたいのです。

> なぜ学級目標をつくるのでしょう？
> もし学級目標がなかったらクラスはおかしなことになるのですか？

　新年度，新しい学級を担任した時に「去年の学級目標は何だった？」と子どもたちに聞いてみます。すると，すぐに反応して，昨年度の楽しかった思い出や頑張ったエピソードをにこやかに話してくれる子がいます。一方で，答えられなかったり，即答できずに悩んだりする子もいます。

　毎年，聞いていると，ある傾向が見えてきます。それは…

> 担任が学級目標を大切にし，目標実現のために常に子どもたちに意識させ，日々の学校生活や行事に関連付けて活動している。そのようなクラスで過ごした子どもたちは，どのようなクラスを目指すのかが正しく理解され，常に学級目標を意識している。

ということです。試しに聞いてみてください。「去年の学級目標は何だった？」と。

　教師になって，たくさんの失敗とたまの成功を繰り返しながら，ようやく学級目標の大切さがわかるようになってきました。先の問い「もし学級目標がなかったらクラスはおかしなことになるのですか？」に答えるとすれば，「それほどおかしなことにはならない」と答えるかもしれません。ただし，「すごくよくなることもない」と今の私なら付け加えます。なぜなら，目標

のない活動には、目指すべきゴールがありません。ですから協力の必要もありませんし、達成した喜びもありません。日々の学校生活や行事を与えられるままにこなして、1年間を過ごします。

　サッカー日本代表は、ワールドカップ優勝のために集まり、プロ野球球団はリーグ優勝はたまた日本一を目標に頑張ります。その目標があるからこそ、個が努力し、集団としてまとまるわけです。子どもたちの大きな成長・飛躍のためには学級目標が必要なのです。

いい学級目標とは

　これまで先輩や同僚の学級目標をいくつか見てきました。毎年、全クラスの学級目標が掲示される頃になると、若い教師で集まって見て回りました。どのクラスも工夫がなされ、担任のカラーや教育観が垣間見える大変よい学びだったことを覚えています。私が出会った学級目標を整理すると、およそ次のように分けることができます。

①シンプル&リズミカル系…子どもがわかりやすくリズムあるネーミング
　「なかよし1組」「3年2組がナンバー1」「やる気・元気・勇気」
②集団協調　象徴系…集まって一つのものができあがるものになぞらえる
　「パズル（一人一人は小さなピース　クラスで大きなパズルを作ろう）」
　「30色の虹になろう」「夜空にきらめく30の星★」
③集団協調　食べ物系…象徴系同様、集まって一つの食べ物になる
　「寄せ鍋3組」「チーム串団子」「納豆クラス（みんなで粘り強く）」
　（みんなでいい出汁を出すとか、1本の串にささって協力してなどの意）
④全員の思いを大切に　長文系
　「みんなニコニコなかよしで　あかるくげんきにがんばるクラス」
　「TPO　楽しく　元気に　団結目指して　一日一歩　突き進め！」
⑤頭文字合体系…頭文字をつなぐと一つの言葉に

第4章　最高のチームを育てる学級目標　作成マニュアル&活用アイデア　小学校高学年　117

「な（んでもチャレンジ）か（しこく）よ（く遊び）し（っぱいを恐れない）」
⑥クールでカッコいい　アルファベット系
「TRY！」「challenge & smile」
⑦流行もの　のっかり系…世間で流行した有名なものに似せる
「チェンジ！　Yes, we can.」「ありのままの4組」

　様々な種類があると思います。子どもたちの願いが最も反映される形であれば，どれでもよいと思います。私は若い頃，「自分のクラスの学級目標をとにかくカッコよくしたい」と思っていました。ですから，子どもたちから出てくるアイデアが何となく幼く見え，「カッコ悪い。それじゃだめだ」と思っていました。今思うと恥ずかしい話です。
　大切なことは，

「子どもたちの思い・願いがぎっしり詰まっていること」
「子どもたちが自分のクラスの学級目標をしっかり理解していること」

です。ちなみに，私が担任するクラスのここ数年の学級目標は，第三者が見ると全く意味不明です。
　「ゴのニーランド」「ドリパチ物語」「チーム富士宮神」

教室に掲示された学級目標

それぞれの学級目標には，当時の子どもたちの思いや願いがたっぷりと詰まっています。

> ゴのニーランド：みんなが大好きなあのテーマパークのように，5年2組も一人一人にとっての「夢の場所」にしたい。周りに夢を与える人になりたい。
> ドリパチ物語：最高学年として迎えるこの1年は，1冊の物語。ドリフターズのように面白く，金八（パチ）のように感動できる1年間にしよう。
> チーム富士宮神：目指すは富士山・日本一。二宮金次郎のように勤勉で，笑いの神が降りてくるような楽しいクラスをつくろう。

こうして見ると，ここ数年の私は，目指すべきクラスの姿をキーワード的に短くし，それらを組み合わせてキャッチフレーズのようにしています。その理由は後ほど説明することとして，どの年もあらゆる行事で，毎日の生活で学級目標に立ち返っては，「今の姿は学級目標にふさわしい姿か？」と問い続けました。クラスすべての子どもたちが学級目標を理解していたと思っています。

学級目標のつくり方

学級目標をつくり上げる手順も多様です。むしろ，子どもたちの実態や学級の状況，学校事情を考えれば多様であるべきです。ここでは，「担任の願い(＝学級経営観)」と「子どもたちの願い」を両立した学級目標作成の手順を紹介します。

私は学級目標を早急に決めるべきではないと考えています。子どもたちは，突然「学級目標を決めるよ。どんなクラスにしたい？」と言われても，当たり前のことしか発言できません。クラスの現状もよく知りませんし，何が必要なのかも意識して見ていないのですから当然です。学級編制があり，メン

バーが変わったクラスであればなおさらです。クラスのみんなが1年間かけて追い求めていく共通の目標ですから，じっくりと時間をかけて，よく考えてつくるべきです。

次に示す図が，私が学級目標をつくる時の大まかな手順です。

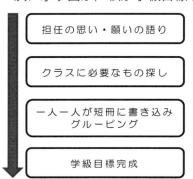

- 新年度開始1週間を目途に。
- 今のクラスに必要なこと，足りないものを考えながら学校生活を送る。
- 一人一人の思いを短冊に書き，黒板でグルーピングを行う。
- 学級会等の話し合い活動により決定。

(1) **担任の思い・願いの語り**

新年度開始の早い時期に，担任の所信表明をします。学級づくりは担任である教師の考え方や意識がそのまま反映されますから，最初のうちに子どもたちに話しておきます。担任としてどのようなクラスにしたいのか，どんな人になってほしいのかを話すのです。

> 1．伸びよう・伸ばそう
>   学校は勉強するところです。国語や算数だけが勉強ではありません。人とのかかわりや礼儀作法も学びます。どんな場面でも「伸びたい」「成長したい」という意欲をもってほしいです。私も，そういった意欲のある子には全力で応えたいと思っています。また，同じ教室で学ぶ仲間の成長にもかかわってほしいです。それを私は「協同」と呼んでいます。自分自身が「伸び」，仲間を「伸ばす」。そんな31人であってほしいと願っています。
> 2．世のため人のために行動しよう

最高学年です。人のこと，クラスのこと，学校のこと… 広い視野をもち人々に貢献できる，それを喜びとする人たちになりましょう。
3．人のよいところを見ていこう
いろいろトラブルはあるでしょう。しかしプラス思考で，それをたくましく明るく，乗り越える人たちになってほしいです。世の中「完璧」を求めても手に入りません。「ないものねだり」でなく「あるもの探し」をしよう。

上記の３か条を掲示物にし，教室に貼ります。この三つは，私自身が学級づくりで大切にしたいことそのものですから，子どもたちにも理解してもらう必要があります。そして，貼っただけでは効果がありませんから，そのような姿が見られた時に「タカシ君は自分が問題を解き終えた後，隣のミエさんに説明していたね。これは自分だけが伸びるのではなく，仲間も伸ばそうとする素晴らしい姿だ。スゴイ！　拍手！」といった感じで評価し，このような肯定的な評価をことあるごとに行います。

(2)　クラスに必要なもの探し

担任の思いを伝えた後は，「このクラスには何が必要か。どうなったらもっとよいクラスになるのか」という観点で実際に学校生活を過ごしてもらいます。すると子どもたちは「お昼休みに一人でいる子がいる。もっとみんなで遊べばいいのに」とか「元気はあるんだけど，休み時間と授業の切り替えができていない」「授業中にふざける人がいる。発言する人が少ない」といった，今のクラスに欠けているものを，より具体的に見つけます。それが，学級目標を決める上で重要なヒントになるのです。

私の場合，現在の学校では４月末に学習参観があり，全クラスが学級目標を掲示しなければなりませんので，それに間に合うように２週間ほど，「クラスに必要なもの探し」の期間を設定しています。

(3) 短冊書き込み　グルーピング

　クラスに必要なもの探しの期間が終了したら，一人に1枚，短冊を配ります。どんなクラスにしたいかを書いてもらいます。ただし，短冊には長々と文章を書かず，キーワードのような短い文章にします。例えば「協力」とか「仲がいい」といった感じです。長くてもせいぜい「差別がない」「みんなが安心できる」程度の長さです。短い文章にする理由は，文章が長ければ長いほど，その後のグルーピングが難しくなるからです。

　書いてもらった短冊は1枚ずつ黒板へ貼っていきます。似ているものは近くに貼り，丸で囲んでグルーピングをします。誰かの短冊を採用して，他のものは却下するということは決してしません。クラス全員の願いが詰まってこその学級目標だからです。「クラスの一部の意見でつくられた気の利いた学級目標」より「クラス全員の意見でつくられた学級目標」をつくることに何よりも価値があるのです。その意味でグルーピングは有効だと思います。

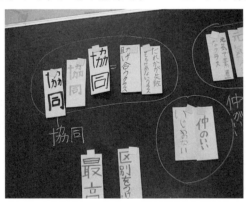

黒板に貼りながらグルーピングする

　子どもたちと相談しながらグループに分けていきます。グルーピングする時の様子は次のようになります。

> タツヤ：「仲がいい」と「いじめがない」は似ているね。
> ユウト：「友達たくさん」も似てるんじゃない？

担　任：それってつまりどういうこと？
ユウト：うーん…「チーム」とか「家族」ってことかな？
多　数：そうそう！　そんな感じ！

　この時，私は子どもたちに「具体」と「抽象」について教えることにしています。どういうことかと言うと，

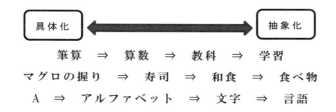

図のような関係を教えるのです。これが理解できると，子どもたちは先ほどのように，「仲がいい」「いじめがない」「友達たくさん」⇒「チーム」とスムーズに考えられるようになります。

(4) 学級目標完成

　グルーピングの結果，

「チーム」「富士山」「二宮金次郎」「笑いの神」

の四つのキーワードができあがりました。そして完成した学級目標が『チーム富士宮神』です。四つのキーワードをそのままつなげて「二宮金次郎のように勤勉で，笑いの神も降りてくる富士山みたいな日本一のチーム」とまとめてもよいのですが，私はキャッチフレーズにしています。その理由は，小気味よいリズムに快感を覚えるからです。

　「それだけ？」と思われるかもしれませんが，実は大切だと思っています。2013年の流行語大賞は「今でしょ！」「じぇじぇじぇ」「倍返し」，2014年も「ダメよ〜ダメダメ」でした。どれも短いフレーズでリズミカル，思わず口

にしてしまいます。これがよいのです。五・七・五の短歌のリズムや韻を踏むことが伝統的になされてきた国ですから、私たちのDNAにはリズミカルなフレーズを気持ちよいと感じる何かがあるのかもしれません。

加えて、「チーム富士宮神」という一見意味不明な言葉は、子どもたちに「私はこの言葉の意味を知っている」「私のクラスは他と違う」という特別感を醸成します。第三者から「あの学級目標、どういう意味?」と聞かれれば、子どもたちは得意気にその意味を説明しだします。そんな理由で、私は学級目標をキャッチフレーズ化しています。

具体的な行動が学級目標を具現化する

学級目標へ近づくためには、具体的な活動計画を立てなければなりません。学校行事や日常生活の中で学級目標の具現化を図ります。その時、学級担任として1年間使い続けたい言葉が二つあります。それは、

> この活動でどんな姿が見られたら学級目標に近づくの?
> 今の姿は、学級目標を見た時にあるべき姿か?

です。

常に子どもたちにこの言葉を問い続けます。そして行事や活動が終わるたびに、上の言葉で振り返りをします。実際の様子を紹介します。

《給食準備で学級目標に近づく》

4月中の給食準備時間を計っていると、およそ15分。友達とおしゃべりしながら手を洗いに行き、のんびりと給食着に着替え、当番でない子は遊んだり、読書をしたりと様々。そんな中、学級目標「チーム富士宮神」が決まり、子どもたちに話をしました。

> 4月中のみなさんの給食準備時間を計測していたのですが、どれくらいかか

> っていたと思いますか？　およそ15分です（子どもたち少し驚く）。今のみなさんの準備の様子は，学級目標の姿に近いと思いますか？　何分で準備できれば「チーム富士宮神」に近づけると思いますか？

　この問いかけに子どもたちは「10分を切りたい」と答えました。ここから学級目標に近づくための給食準備が始まりました。
　まずは，どうすれば早く準備ができるか話し合います。当然のことながら手洗いや給食着の着用を素早く行うことが挙がります。加えて，遊んだり本を読んだりせず，配膳の手伝いをするという意見も出ます。そして実際にやってみます。多少の時間短縮にはなりましたが，思うように早く準備することができません。教室で30人以上が配膳のために動き回ると，教室の狭さと人の多さから"渋滞"が起こるのです。また，準備を早くしようと焦るあまり大声を出したり，ぶつかってお皿を落としたりしてしまうのです。
　子どもたちは考えます。教室の通路は「一方通行」とし，ぶつからないようにしました。盛りつけ担当の子の脇には，皿を渡す子。盛りつけ終えた皿は一番奥の机から置いていく。教室には「今日も準備がんばろう」と書かれたホワイトボードが自主的に飾られました。たくさんの工夫が生まれました。
　すると，取り組み開始から２週間足らずで，あっという間に10分を切り，毎回安定して７，８分で給食準備ができるようになりました。

給食準備の様子と時間を示すタイマー

最高タイムを出して喜ぶクラスの様子

　そして７月頃になると、タイムはさらに短くなり、ついに６分台をたたき出したのです。子どもたちは６分台を出したその日、両手を挙げて喜びました。自然と教室に拍手が起こり、抱き合う姿が見られました。どの子も、みんな笑顔でした。さらに驚いたのは、お椀や箸の位置です。子どもたちは食べる人の利き手によって置く向きを変えていたのです。タイムばかりでなく、食べる人のことを考えたこの行動には、大変驚きました。

　その日の帰りの会で子どもたちに聞きます。「今日の給食準備の姿は、学級目標に近づいていた？」と。すると子どもたちは笑顔で首を縦に振りました。そして、その理由を宿題で書いてきてもらうことにしました。ほとんどの子どもたちのノートには同じようなことが書かれていました。

「遊ぶ人もいなくなったし、みんなで協力できた。チームって感じ」
「みんながアイデアを出し合ってクラスが成長することができた」
「タイムが３分の１になった。日本一の富士山は近い。感動もあった」
「力を合わせると、こんなにすごいことが起こるなんて思わなかった」

　子どもたちは給食の準備を学級目標達成のための活動と捉え、みんなで協力し、成長を自覚しました。ノートの振り返りを読んでも、どの子も学級目

標に照らし合わせて活動を振り返っています。こういった普段，何気なく行っている給食準備でも十分に学級目標を具現化する活動になり得ると思っています。

5 すべてが学級目標へ向かう

　給食準備を例にとって説明しましたが，学級生活のあらゆることが学級目標へ向かうための活動になります。学級目標に近づくためには給食中どのような姿でなければならないか。給食の片付けはどうあるべきか。朝の会は？ 帰りの会は？　学習中，休み時間中は…？　すべてです。そう考えると，どれもが意味のあるものに見えてきます。運動会や音楽会など，取り立てて大きな行事ばかりが学級目標を具現化する活動ではありません。何気ない日常の一つ一つこそが，最も大切なものであり，コツコツと積み重ねることによって着実に学級目標へ向かうのではないでしょうか。だからこそ子どもたちに常日頃から学級目標を意識させることが大切です。そのためには，まず担任である教師自身が学級目標を意識し，日常生活や学校行事を仕組み，仕掛けていくことです。

（畠山　明大）

第5章

最高のチームを育てる学級目標
作成マニュアル＆活用アイデア

中学校

私がダメにしてきた学級目標 そしてそこから学んだこと

1 はじめに

　学級目標の重要性とその活用術。それらを語るべきところですが，私はまず，自分のこれまでやってきた失敗を告白することから始めます。これまでかかわってきた生徒たちへの謝罪の気持ちを込めて，これまでの学級目標の失敗を告白します。題して「私がダメにしてきた学級目標」です。

2 私のやってきた失敗

(1) 第一の失敗　つなげすぎた…

　4月。多くの生徒は希望を抱き，「こんな学級にしたい！」と思いを語ることが多いです。そしてそれらをなるべく無駄にしたくないと思う教師は，その一つ一つを大切にします。心ある教師ほど一つ一つの考えを拾い上げようとするでしょう。出てきた言葉をつなげて，つなげて，つなげて…。学級目標という名の「作文」が完成します。『みんな仲良く　けじめをつけて　授業と休み時間の切り替えをすばやくして　いじめがなく　みんなが笑顔で過ごせて　勉強に集中できるような　超楽しい学級』のような「作文」です。収束のない意見の拡散は，ピントのぼけたカメラと同じ。結果，記憶不可能な美辞麗句が1年間学級に掲示されることになりました。反省です。

(2) 第二の失敗　抽象的すぎた…

　学級担任としての経験を積み，年間を通して見通しをもつことが必要だと感じた頃の話です。生徒たちの声を拾い，それらを学級の代表生徒たち（学

級委員＋班長数名）と一緒に協議し，学級目標候補をつくるというスタイルをとっていました。第一の失敗の反省を活かし，拡散された意見を収束させる過程を重視しました。たくさんの意見を見て，キーワードを探すような感じです。そしてできあがってきたのが『夢』『気合』『やる気』『友情』などの単語レベルの学級目標です。ビジョンとしては悪くないですが，放置しておいてそれらが生徒の日常生活と結びつくことはありませんでした。

(3) 第三の失敗　担任の思いが強すぎた…

　学級経営に一定の自信を得た頃，間違った自信が生まれました。「俺がこのクラスのルールだ。俺がすべてをコントロールする」。災害時には，絶対に必要な意識だとは思いますが，日常生活については私の完全な思い上がりです。その間違った過信は学級目標にも表れました。生徒の声を聞かず，担任の思いを30分以上語り，担任の価値観と期待を押し売りし，納得させました。いや，「生徒は納得した」と思い込んでいました。そして担任の思いがそのまま学級目標となり，生徒を管理するための指導言が教室に掲示されました。『自立せよ』『傍若無人になるな』『全員高校合格』などです。あの頃の生徒たちはそれをどんな思いで見ていたのでしょうか。反省です。

(4) 第四の失敗　「Don't～」が優先した…

　中学生は思春期真っ只中です。それに起因する人間関係のトラブルも頻発します。人間関係の間違った結び方や，過剰な友達関係のしがらみがまた新たな問題を生むこともあります。そのための事情の聞き取りや生徒指導に，昼休みと放課後をすべて費やす。そんなことがよくありました。そこで私は，先手を打ってトラブルを防止するために，学級目標を「利用」したのです。『人の学習権を邪魔しない』『学校生活に不要な物を持ち込まない』『人を傷つけない』などの「Don't～」の禁止命令が並びました。生徒を管理し，生徒を制御するためのルールです。これらのルールは生徒の安全を守るために重要であることは確かですが，年間を通じて訴え続けるものではありません。

第5章　最高のチームを育てる学級目標　作成マニュアル＆活用アイデア　中学校　131

生徒たちは成長します。しかし，禁止の命令にはステップアップがありません。加えて，禁止には冷たい印象が伴います。これが1年間掲示される学級って…嫌ですよね。反省です。

(5) 第五の失敗　担任すらその存在を忘れた…
　問題行動が頻発したある年。毎日が生徒たちとの格闘でした。「学級目標？　そんなのあったっけ？」担任の自分ですらそんな印象。当時の私は生徒を育成するという観点をほとんどもつことができずに，場当たり的な後追いの生徒指導に追われていました。言い換えれば，それは問題行動を起こす一部の生徒しか目に入っていなかったということ。物言わぬ，しかしやるべきことをきちんとやっている生徒たちに，心を配れていなかったということです。当然，学級目標も保護者の授業参観に間に合うように「とりあえず」つくったものでした。この年は「とりあえず」の目標が，そのまま1年間掲示されました。誰にも見られることのない学級目標は，日に焼けて色あせていきました。そして，その存在自体もいつの間にか色あせていきました。学級担任も含め，誰一人それを意識することはありませんでした。航海図を持たずに大海原に出るのと同じ行為ですね。行き当たりばったりの学級経営でした。

失敗から学んだこと

(1) 第一の失敗　「つなげすぎた」より
　優れた結論というのは，単独のものではなく，たくさんの選択肢の中から生まれるものだと思います。つまり，意見の拡散なくして優れた収束はないのです。拡散自体は必要ですが，拡散したものすべてを活かすのではなく，前向きに取捨選択していくべきでした。担任として絶対に譲れないものを明示しながら，生徒に考えさせ選択させる。その手順が抜け落ちていたのです。

⑵　**第二の失敗　「抽象的すぎた」より**

　担任と生徒が年間を通じて共有する目標ですから，全員が覚えられる目標の方がよいです。しかし，記憶できることが目的化しては本末転倒です。大切なことはその言葉のもつイメージが学級の育ちに貢献しうるかどうかです。先に失敗例として示した『夢』『気合』などは抽象度は高いですが，イメージとしては悪くないのです。問題なのは，その目標達成のために具体的に何ができるようになればよいのかが，ボヤっとしていることです。担任と生徒双方が，学級目標という高い場所へ一緒に登っていくための階段が見えていることが大切でしょう。その一段一段に具体的な生徒の姿を描き出すべきでした。学校行事を例にとれば，学級目標もしくは重点目標を「合唱コンクールで優勝しよう」とするよりも，「それぞれの苦手をカバーして，合唱コンクールで優勝しよう」とする方が具体的です。行事の成功を目的化せず，それを通してどんな姿になるか。ここが学級目標を学級づくりに活かすポイントだと考えます。

⑶　**第三の失敗　「担任の思いが強すぎた」より**

　学級目標は担任だけのものではなく，生徒たちと共有するべきものです。担任の願い，生徒たちの願いの双方が語り合われた結果を学級目標にするべきでした。担任自身のよい意味でのこだわりを否定はしません。むしろそれがない学級目標では，学級経営に資するものにはならないと思っています。よい意味での学級担任のこだわり，担任が生徒に期待する価値観。私はそれがその学級担任の味になるのだと考えます。担任の思いはぐっと絞って，生徒たちにたくさん考える余地を残す。担任のそんな構えが必要だったのです。

⑷　**第四の失敗　「『Don't ～』が優先した」より**

　私は学級目標を「３月のあるべき姿」を文字化したものだと捉えています。その考えに立てば，禁止の文言を学級目標にするべきではありませんでした。ポジティブな達成目標を学級目標に掲げて，その達成のプロセスで障害とな

る行為や言動を「禁止」するのはよいと思います。私はこの順番を間違えていたのです。

(5) **第五の失敗 「担任すらその存在を忘れた」より**
　学級目標に重きを置けなかった私の未熟さが一番の問題でした。生徒を育てること。それが私たち教師の責務です。学級にいる生徒は同質ではありません。問題行動を起こす生徒，それを面白がる生徒，傍観している生徒，積極的に周囲に貢献する生徒，正義感はあるけれどそれを言動で表すことができない生徒など，様々な子がいます。学級目標はある特定の生徒のためのものではなく，みんなのものです。一部の生徒にだけ気をとられていた私の教師としての力のなさが，学級目標を形骸化させたのです。問題行動への対応も担任の大切な仕事ですが，それはそれとして対応し，集団としての育ちを戦略的に進めるための指針として，学級目標を明確につくり込むべきでした。

学級目標づくりのポイント

　私の失敗を当時の生徒たちに懺悔する気持ちで告白しました。私を教師として育ててくれた当時の生徒たちに，申し訳ない気持ちでいっぱいです。以下に，現在の私が学級目標について大切に思うことを示します。

(1) **全員の思いをアウトプットさせる**
　赤坂真二氏はその著書の中で「群れを集団にする」と述べています。いわゆるチームビルディングです。赤坂氏はチームに必要な要素は「も・や・し」であると主張しています。

【も】目標【や】役割【し】信頼関係

　学級目標をつくることは，「群れ」を「集団」にしていくための共通目標をつくることと同義です。だから，その作成過程に全員参加が保障されなく

てはなりません。後で「俺，関係ねぇし」と言わせないためです。全員の意見を拾う方法はいくつかありますが，新しい人間関係をつくっていく時期である４月には，交流型の話し合い活動が向いています。

①担任が黒板にお題を書く。「私はこんな学級で過ごしたい！」
②各自が自分の思いをメモ用紙になるべくたくさん書く。
③近くの人と４人で机を合わせて，机の島をつくる。
④４人にホワイトボード１枚とペン４本を配布。
⑤自分の思いをボードに書き込みながら，グループメンバーに伝える。
⑥一人ずつ順番に発言していき，出尽くしたところでフリーディスカッションとする。
⑦学級目標に入れたい言葉を４人で最大三つまで絞り込ませる。
⑧４人で黒板の前に立ち，学級全員に自分たちの意見とその理由を発表。
⑨発表が終わったグループはそのボードを黒板に貼る。

　一人残らず自分の意見を表出させる。それが第一の目的ですが，この活動を通してまだ関係の薄い者同士が交流することができます。ホワイトボードとペンという媒体を介して，ゆるやかにコミュニケーションをとる経験を積むことができるのです。

　工作が得意な私の友人は，100円ショップでホワイトボードを大量購入し活用しています。裏にマグネットが付いているものならそのまま使えますし，大きめのマグネットシールを貼れば１年間使えるものになります。学級目標だけでなく，行事の振り返りなどにも使える便利グッズです。

第５章　最高のチームを育てる学級目標　作成マニュアル＆活用アイデア　中学校　135

⑵　あえて抽象度を上げておく

　拡散したアイデアをまとめる段階です。失敗例の一つに「抽象的すぎた」を挙げましたが，私は今，あえて抽象度を上げています。なぜなら，ある程度抽象度の高い目標は，あらゆる活動をゆるやかにそこに集約させる効果を期待できると考えるからです。フランス革命のスローガンだって，「自由　平等　博愛」でした。全く具体的ではありませんが，これでいいのです。よいイメージを共有し，それに向けて様々な教育活動をゆるやかに方向付けていくことが得策だと感じます。学校での各種活動を，学級づくりに上手に「利用」していくためには，具体的すぎる目標は使いづらいと感じます。私は三つの単語に集約します。なぜ「3」か。日本人は3が好きです。松竹梅，天地人，七五三…3に集約すると覚えやすくなります。そして抽象度が上がった単語が三つ入れば，学校生活のほとんどの活動を学級生活に引きつけて考えることができます。体育祭を例にとりましょう。私がこれまで勤務した中学校では，9月初旬に体育祭が行われてきました。4月に設定した学級目標をどう9月の体育祭と関連付けるかを示します。

学級目標（例）『団結　けじめ　全員ハッピー』
〈体育祭直後の帰りの会で〉
　「体育祭お疲れ様でした。いやー，素晴らしい体育祭をつくってくれたね。ありがとう！　今日1日で学級がまた前進したと確信しているよ。どんなところが前進したかな。学級目標を見て。三つの俺たちのキーワード。それぞれに対して具体的にこんな姿があったというのを挙げてほしい。じゃあ，班で出し合ってみてください。3分でいける？　はい，どうぞ」
　（3分後）
生徒A「応援合戦でみんながどんどん一つになるのを感じました」
生徒B「開会式のビシッとした感じと，競技の盛り上がりの切り替えがよかったと思います」
生徒C「（学級生徒に向かって）今日，楽しかった人〜!?

（みんな挙手）はい，達成でした（笑）」

　４月に立てた目標が抽象的だからこそ，こんな会話が成り立ちます。これが「チャイム着席完璧クラス」や「思いやりでいじめ０」など，具体的すぎるものはゆるやかに方向付けたり価値付けたりすることが難しくなります。抽象度をあえて上げておく。これが私の考える学級目標活用術です。

(3)　担任が使える言葉にする

　先人たちの力のある言葉は，いつも「繰り返し」によってその効果を発揮してきました。キング牧師の「I have a dream」も繰り返しです。アメリカ合衆国大統領バラク・オバマ氏の「Yes, we can」も繰り返しです。売れている歌の歌詞を見ても，繰り返しのない歌はほとんどありませんよね。重要な言葉は，繰り返されることで効果を倍化させるのです。

　私は四つの場面でそれを繰り返します。一つ目は学級便り，二つ目は日常生活での語り，三つ目は各学期の終わり，四つ目は学校行事の後です。日常生活ではこのような話をします。

学級目標（例）『やる気　まじめ　４組が好き』
担任「今日，うれしいことがありました。給食の片付けの時，ゴミ入れが溢れていました。今日のメニューはゴミがいつもよりも多かったからね。そうしたら，Ａさんが溢れて周りに落ちているゴミを拾ってから，底の方にグーって押し込んでくれたんだよ。気付いた人いる？　こういうことって，後の人のことを考えるからできる行動ですね。そしてＡさんは４組の教室環境を整えてくれたのです。みんなは汚い教室ときれいな教室どっちが好きですか？　当然，きれいな教室だよね。学級目標を見て。『４組が好き』。Ａさんの行動は，みんなが４組を好きになることに近づける行動だね」

　生徒のよい言動を価値付ける先生は多いと思います。それが学級目標と関連付けて語られることが増えれば，生徒も学級目標を意識する場面が増える

のです。

(4) 学校，学年を意識させる

　学級は学校組織全体の一部分です。生徒たちにそれを感じさせるために，次のような話をします。

　「学校には教育目標があるよね。学年全体にもこうなってほしいという願いがある。私も担任としてみんなにお願いしたいことがある。そして，一番大事なのはみんながどうなりたいかだよ。それらの重なり合った部分が，学級目標なのですよ」

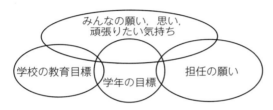

　そして，左のような図を板書します。学校全体の中での自分たちを意識させます。生徒たちに伝えたいのは，「担任はあなたにこんなことを期待している。学年はこう，学校はこういうことを期待しているよ」というメッセージです。学年に複数の学級がある場合には，この視点は決定的に重要です。学年主任の育成ビジョンに貢献するのは，学級担任として当然の責務でしょう。校長のそれに対しても同様です。学級担任のカラーを強く打ち出すやり方を否定はしませんが，担任が忘れてはいけないのは，その生徒が今と異なる集団に属した時にどのような力を発揮できるかということです。複数の学級がある場合には，年度ごとの学級編制がつきものです。その生徒が今の学級を離れた時に，新しい学級で今と同じように自分の力を発揮できること。そこに価値があります。私はそれを忘れない学級担任でありたいと思っています。

(5) 義務教育修了を意識させる

　ここ数年間，私が生徒に話す担任の願いはいつも同じです。「担任不要な学級になるべし」。これだけを書きます。その後は生徒たちに考えさせます。

担任の願いは自治的能力を身に付けること。そして，人と協力できる態度を身に付けることの二点です。私の尊敬する先輩は生徒にこんな話をします。

> **働くとはどういうことか。**
> **それは人と協力して活動できること。人の好き嫌い関係なく，誰とでも活動できること。具体的には18歳から60歳までの老若男女，分け隔てなく一緒に活動できるようになることである。**

　義務教育を終えて社会に出る生徒もいます。中学校卒業後数年すれば，みんな社会に参画していきます。彼らが学校生活で身に付けるべきことは，ごく単純化して言えば，「苦手な相手ともそこそこうまくやれる態度」を身に付けることだと言えるのではないでしょうか。そのための練習機会として，学級が担任不在でも，係活動，給食当番，清掃活動等がきちんと機能する状態を全員でつくり上げるのです。そこに力を発揮してほしいと話をします。

学級目標活用のポイント

　学級目標はどこの学級にもあります。意識してそれを活用している教師はそれほど多くはないというのが私の印象です。私もその一人でした。だからと言って，目標づくりに気合を入れすぎたり，その活用に過度に躍起になることにはあまり賛成しません。だって，学校現場は忙しいですから。
　私が気にとめている言葉があります。

> 「○○も，ちょっとの工夫でこの美味さ」　　神田川俊郎（日本料理人）

　学校現場は多忙です。新しい取り組みは腰が引ける方も多いのではないでしょうか。だからこそ，どこの学級にもある素材（学級目標）を，ちょっとの工夫で，1年間うまみが続いていく調味料（学級づくりの指標）にしていくくらいがちょうどいいのです。

第5章　最高のチームを育てる学級目標　作成マニュアル＆活用アイデア　中学校　139

(1) 学級目標を基に「振り返る」

　行事が終わった時，学期が終わった時に振り返りをします。目的地に対して自分たちの現在地はどこかを確認するのです。登山の時クライマーは足元だけを見ません。山頂を何度も見上げながら眼下の歩を進めていきます。集団も同じです。この各ポイントでの振り返りがないと，「こなすための行事」になり下がります。実にもったいないことです。学校で行われる様々な行事にはたくさんのコストがかかっています。お金はもちろん，それを提案する各校務分掌の担当の先生の時間，担当部会のみなさんの手間。それを「こなす」ことに終始してはもったいないのです。先に体育祭後の振り返りの例を示しました。学校の諸活動にはすべてねらいが存在します。それを学級目標に引きつけて，「今の自分たちの姿は，学級目標に対してどの位置にあるのか」と生徒に問うのです。

(2) 学級便りのタイトルに

　学級目標を目にする頻度を上げるための工夫です。タイトルになっていれば，担任もその名を口にすることも増えます。子どもたちの目にも，保護者の目にも入る機会が増えますね。せっかくつくったものです。どんどん露出させましょう。

(3) 語りの中で多用する

　先に述べたように，繰り返しには力があります。学級によいことがあった時，それを学級目標と照らし合わせて，その価値を語ります。逆に学級にピンチが訪れた時，それが学級目標達成からどう離れていく事態なのかを語ります。「学級目標を意識しろ」と100回お説教するよりも，担任がそれに愛着をもって，大切にしている姿を見せることの方が効果絶大です。

　ここまでの話をまとめると，私の学級目標の「ちょっとの工夫」は次のようになります。

① 価値を落とし込みやすい「繰り返し」が可能な言葉に。
② 様々な教育活動のねらいを引きつけやすい「程よい抽象度」のものに。
③ そして覚えやすく単語は三つに。
④ すべての教育活動を，ゆるやかに方向付けるためのものに。

学級目標の価値

(1) 価値観の多様化を束ねるために

　教室には，学習指導要領にある「創意工夫」や「公正・公平」などに加えて，「盛り上げ上手」「おとぼけキャラ」など，多様な価値観が認められるべきだと考えます。多様な価値を認め合える集団づくりを目標にすれば，多様な価値観をもった子どもたちを一つの学習集団，生活集団にある程度束ねていく必要があります。多様な価値をゆるやかに束ねていくもの，それが学級目標です。子どもたちのそれぞれの価値観の中に，最大公約数としての学級目標を共有し，その価値を子どもたちの具体的な行動目標とともに落とし込むのです。学級をチームにしていくための，みんなにとっての最大公約数。それが学級目標の価値なのです。

(2) 自分を戒める指針

　中学校では突発的な問題行動はつきものです。そして，学校現場では問題行動に対応するために，たくさんの時間を費やします。丁寧に事実を確認し，納得を引き出すための指導をします。心ある先生ほど，問題行動を起こす子どもに目がいきやすいのではないでしょうか。しかしその状態が続くと，率先してよい行いをしている生徒たちや良識的な判断で行動しているいわゆる「中間層」の生徒たちに，目が行き届かない状態に陥る可能性があります。自分に関心をもってくれない，自分の頑張りを認めてくれない。そんな学級担任を応援してくれる生徒はいるでしょうか。彼らの承認欲求を満たしてあ

げることが，学級経営の勘所なのです。私は学級目標を自分への戒めだと思っています。問題行動への対応を軽視するわけではありません。それも大切な教育活動ですし，私たちの責務です。しかし，保護者からお預かりしているのは問題行動を起こす生徒だけではありません。集団の中で彼らに社会で適応できる基礎的な能力と態度を身に付けさせることも重要です。問題行動への対応，それはそれなのです。時々学級目標を見上げて自分に問うています。「俺の目は今，学級の生徒全員を見ているか。集団として彼らは育っているのか」と。目の前の事象の対応に追われ，「木を見て森を見ず」の状態になってしまいそうな時，自分の視野を元に戻す「自分を戒める指針」。それが私にとっての学級目標の価値です。

(3) 最後に

　学級目標はどの学校のどの学級にもあるでしょう。新しいことをする必要はありません。学級目標のもつよさを「ちょっとの工夫」で引き出していくような実践をこれからも模索していきたいです。

（岡田　敏哉）

2 学級目標を学級経営の柱にする

1 学級目標を決めることの意義

　毎年，どの学級においても学級目標を決めていることだろうと思います。しかし，学級目標を決めて教室に貼り出すところまでは熱心に行うけれども，貼り出した後学級目標が達成されているかどうか振り返る機会をもっていないという学級も結構多いようです。

　私は，そういう話を聞くと，「もったいないなあ」と思います。4月（あるいは5月？）の貴重な学級活動の時間を使って学級目標をつくるのですから，その学級目標が1年の学級づくりの柱となるようにしていきたいものです。

　そもそも，「学級目標って，何のために決めるの？」と生徒に質問されたとして，あなたはどう答えますか？

　私の答えは決まっています。

> **学級目標は，その学級のゴールイメージである**

　ゴールイメージですから，「3月，学級が解散する時点で学級がそうなっていたらいいなという理想像」と言い換えることができるでしょう。いずれにせよ，その学級（の生徒と教師）が1年間かけて目指す理想像が学級目標であると私は考えます。

　「なんだ，そんなことは当然のことじゃないか。今さら改めて指摘されることでもないね」と思われる方もいらっしゃるかもしれません。しかし，上記したことを教師が常に念頭において学級経営を進めると，1年間の特別活動を貫くよりどころ・柱として学級目標が機能し，生徒の中に自治的な雰囲

気が生まれてくると考えます。

学級目標をどう決めるか

　学級目標がその学級のゴールイメージであるとすれば，教師も含めて，その学級に所属するメンバー全員で考えることが大切になってきます。学級の生徒全員の願いが込められた目標でないと，全員で達成しようという意欲が高まらないことが予想されるからです。

　だから，私の学級では，ワークシートを準備しておいて，まず一人一人の生徒が学級目標に入れたい言葉（単語）を書き出します。そしてそれを班で出し合い，全体に発表し，学級の仲間がどんな願いをもっているのかを全員で確認します。

　もちろん，出てきたすべての単語をつなげて学級目標をつくるわけではありません。その中から，多くの仲間が学級目標に入れたらいいと考える言葉をいくつか選んで，その言葉をつなげて文にするなりします。選ぶ際には，なるべく多くの仲間の願いを含み込むような言葉を選ぶように声をかけます。

　なお，学級目標は，常に生徒がよりどころとするものですから，私は生徒に覚えてしまうように指導します。そのためにも，学級目標はなるべく短くシンプルなものになるように指導します。

　ちなみに，ここ４年間の私のクラスの学級目標は以下の通りです。

> 笑顔・責任・協力（H26・１年生）
> 愛と誠を追い求め，エキサイティングして３，２，１ＧＯ！（H25・３年生）
> 純魂〜15の春を笑顔で〜（H24・３年生）
> 36Ｈ☆団結（H23・３年生）

　おそらく，一読してよく意味がわからないものもあると思います。しかし，僕は，それでもいいと思っています。なぜなら，学級での話し合いの過程で，担任と生徒にとっては，上記の目標の内容が共有されており，共通理解が図

られているからです。教師と生徒の間では，目指すべき像がはっきりしているのです。

3　学級目標設定の実際

それでは，私の学級における学級目標の決め方の典型を示します。今回は，中学校3年生を想定して書きます。

まず，私の学級では，学級会を開いて学級目標を決めていくのですが，事前に，学級三役の6名（三役とは学級会長，議長，書記で，それぞれ男女1名ずつ）と担任とで打ち合わせをしておきます。

といっても，10分くらいで簡単に打ち合わせをします。

> 今日の学級会で学級目標を決めると予告しておいたけど，会の進め方考えてある？（大概考えてありません）そう。じゃ，一緒に考えようか。

近年，私の学級では4月中（学級開きから10日以内）に学級目標を決めることが多いのですが，この時点では，まだ学級三役が決まったばかりで，学級会を運営したこともありません。

だから，三役と相談すると言っても，実質私の方で会の進め方の型を示すことになります。打ち合わせをしながら，私は自分の提案を紙に書いていきます。打ち合わせが終わると，以下のようなメモ用紙が議長の生徒の手に残ることになります。

4月○日・学級会
1　挨拶（会長）
2　学級会長から開会の挨拶　　　　　　　　　　　　　　　　1分
3　学級目標決め
　(1)　個人で学級目標に入れたい単語を書く。　　　　　　　　2分
　(2)　班になってみんなで入れたい単語を出し合う。　　　　　2分

(3)	班ごとに発表。	5分
(4)	学級として学級目標に入れる言葉を選ぶ。	5分
(5)	入れたい言葉をつなげて班ごとに学級目標案をつくる。	5分
(6)	班ごとに発表。	5分
(7)	多数決で学級目標決定。	2分
4	議長が決まったことを確認	1分
5	副会長の言葉	1分
6	先生の話	2分
7	挨拶（副会長）	

　実際には，話しながら走り書きでメモしていますから，「(4)言葉選び　5」というような感じで書かれています。三役の生徒に流れがわかればそれでいいので，体裁や字のきれいさは気にしません（今回は学級会の流れがわかるように丁寧に書きました）。

　打ち合わせと言っても，堅苦しい感じではなく，結構楽しく生徒と話をしています。

> 海　見「まず，君のこの最初の挨拶で，感動して『今日は真剣に話し合うぞ！』という気持ちになって泣き出す人が3人以上出たら合格ね」
> 会　長「えー，そんな，無理っすよ」
> 海　見「何を言う，副会長なんか，最後の挨拶で10人は泣かすんだからね」
> 副会長「えー，聞いてないですー。やめてくださいよー」

というような感じです。

　議長には，基本的に，「(個人で考える)→班で考える→全体で決める」という流れを繰り返すだけだという確認をします。また，時間を区切って進めることを確認します。

　この程度の打ち合わせをして，いざ学級会の時間になると，私は教室後方に座って，議長が学級会を進めるのを見守ります。基本的に，生徒からどん

な意見が出てきても，その言葉にプラスの意味合いがあるのであれば，口を出すことはありません。また，多少教室がうるさくなっても，それが発言者に対するリアクションである場合には注意をしません。むしろ，生徒と一緒になって，出てきた言葉に笑ったり，時には突っ込みを入れたりしながら，楽しんで話し合いを眺めています。

　ただ，仲間の話を聞いていないとか，仲間を揶揄するような笑いが起こった時には，毅然として注意をします。例えば，Ａさんが話しているのに私語をしている生徒がいれば，次のような調子で全体に対して行う形で注意を与えます。

> 　Ａさん，申し訳ないですが，もう一度初めから発表してください。いや，Ａさんは悪くないのです。あなたの話を聞いていない人がいるので，もう一度発表してほしいのです。確認をします。立って発表している人以外は話を聞きます。それが，話し合いのマナーです。では，Ａさん，申し訳ありませんが，もう一度お願いします。

あるいは，議長に対して注意を与える場合もあります。

> 　議長，今のＢさんの発言の途中に私語をしていた人がいましたが，そういう人がいれば，あなたが注意するのです。大丈夫，私語する人も，悪気があったんじゃないと思うよ。話に夢中になってＢさんの話が始まっていることに気付かなかったんじゃないかな。そういう時には，議長の権限で，ちゃんと話を聞くように注意すればいいんです。それが，議長の役割なんです。

　私は，初期の学級会においては，全体に対しても議長に対しても，話し合いのルールやマナーを積極的に教えていきます。「中学３年生だから学級会をできて当然」とは考えずに，新たな学級にはその学級なりのルールを確立するというスタンスで指導に臨みます。年度当初に係活動や給食当番を再確認するのと同じです。

　ちなみに，昨年の学級で出てきた「個人として学級目標に入れたい言葉」

は，以下の通りです。

1班	青春	協力	笑顔	団結	仲間	学ぶ	全力
2班	元気	個性	情熱	まじめ	努力	純魂	助け合う
3班	愛と誠						
4班	思いやり	学び合い					
5班	自由	愛と勇気	ロマンス	最強	エキサイティング		
	ワンダフル	ビューティフル	3，2，1，GO―				
6班	鍛錬	真剣勝負	宇宙最強	3年2組			

　中には一見不真面目に見えるものや意味不明のものも混じっていますが，そういう言葉に関しては理由も説明して発表させているので，話し合っている時には特に気になりませんでした。僕は「3，2，1，GO―って，何なんだよ？」というような突っ込みを入れたのですが，提案した生徒から「『3で団結，2で協力，1番目指して，一緒にGO―』という意味があるんです」という説明があり，教師も生徒も思わず「おおー！　それいいかも！」と，感嘆の声を上げました。

　そういう説明がいくつも出てくるので，感嘆の声あり，笑いあり，拍手ありといった雰囲気で，学級会は楽しく盛り上がった状態で進んでいきます。

　上記したように，私は，話し合いの仕方に関しては口を挟みますが，基本的に，生徒から出てきた意見に対しては，口を挟みません。正確には，突っ込みは入れるのですが，私の思うようにしようとか，生徒たちの考えをつぶそうとか，そういうことはしないということです。

　この年は結局，

　愛と誠を追い求め，エキサイティングして3，2，1GO！（H25・3年生）

という学級目標に決まりました。私自身は「『愛と誠』って，君たち，そんなキャラじゃないでしょ！」とか「『3，2，1，GO―』って，ちょっとなあ」などと，突っ込みは入れたのですが，生徒たちは，「これがいいんで

148

す」と言って譲りませんでした。私も，生徒たちの思いを尊重してやりたいという思いがあるので，そのまま学級目標に決まりました。

ところで，「純魂」というのは私が発行している学級通信の題であり「愛と誠」は私自身がスローガンにしている言葉だと学級開きの日から語ってきた言葉でした。学級会の場で担任の思いを語らずとも，それ以前に担任が自分の思いを生徒に伝え続けていれば，自ずとその思いが学級会に反映されるもののようです。

4　学級目標を活かした学級経営を

橋本定男氏が「話し合いの仕方には介入するけれども，話し合いの中で出てきた生徒の意見とか，話し合いの内容には教師は口を挟まない」ということを書いていらっしゃいました*が，学級目標を決める学級会においては，特にそのことに留意せねばならないと思います。

と言うのも，学級目標を決めたのは生徒であるという事実が，学級目標を決めた後の指導に効いてくるからです。

私は，学級目標が決まったら，生徒に学級目標を暗唱させます。もちろん，私も暗唱します。というのも，生徒たちには，常に自分たちの目指す理想の学級像を意識して生活してほしいと思うからです。

学級目標を決めるというのは，その学級が，目指すゴールイメージを学級のみんなで共有したというだけのことに過ぎません。いわば，学級づくりのスタート地点に立ったに過ぎないのです。大切なのは，みんなで共有したゴールイメージを，いかにみんなで協力して実現していくかということのはずです。

そこで，私は，ことあるごとに学級目標に絡めて指導を行ったり，語りを入れたりしていきます。学期末ごとなどの節目節目に学級目標に照らして振り返りをするという実践を聞いたことがあり，それも大切な取り組みだと思います。しかし，学級目標にあるような学級をつくり上げていく上で大切な

第5章　最高のチームを育てる学級目標　作成マニュアル＆活用アイデア　中学校　149

のは，日常の学級での生活をどう送るかであったり，行事の準備に取り組む時間であったりします。そうだとすれば，生徒たちが学級目標を意識して日常生活を送るように，常に教師が働きかけていくことが大切になってきます。

　例えば，昨年度であれば，何か心ないことを言った生徒がいた場合に，「今日の○○さんの言葉に，『愛と誠』があったと言える？　僕は，言えないと思う」というような語りを入れました。また，運動会の時には，「どうだ，みんな，エキサイティングしてるか？」という語りを入れました。

　語りの内容は，学級目標に合わせて毎年少しずつ変わります。一昨年度『純魂〜15の春を笑顔で〜』という学級目標の時に心ないことを言った生徒がいた時には，「ねえ，そういう言葉を投げかけられて，その人は笑顔になれるんだろうか。この学級目標の『笑顔』は，このクラスみんなの笑顔のはずだよね」というように語りました。また，合唱コンクールの取り組みにおいてクラス内で揉めた時にも「みんなが３月に笑顔で今のことを思い出せるように，みんなどうしたらいいんだろう」というように語りました。もちろん，受験期には「15の春を笑顔で迎えられるよう，一生懸命に勉強しよう！」というように話をしました。

　また，その前の年の『36H☆団結』という学級目標には，次のような意味が込められていました。長くなりますが，この目標に込められた意味がわからないと，後に書くエピソードとのつながりがわからないと思いますので，当時の学級通信から引用します。

　36Hは言うまでもなく３年６組学級ということですが，Hは「ホーム」，つまりは家庭という意味でもありますね。３年６組のみんなが，家族のように仲良くあたたかい雰囲気の中で１年間を過ごしていけるように，という願いも込められています。（中略）

　「団結」いい言葉ですね。ぜひ，クラスが一つにまとまって，勉強に，行事に，みんなが同じ方向を向いて進んでいける，そんなクラスにしていきたいですね。（中略）

> おっと，☆もあえて入れたのでしたね。提案者曰く，「クラスが，『星のように輝く』という意味を込めています」。（後略）

　この年は，合唱コンクール本番直前に，お守りとして，名刺作成ソフトで表面に学級目標を印刷し，裏面に一言ずつ手書きのメッセージを書いたカードを，お守りとして生徒に渡しました。そういう担任の心遣いに対して涙を流して喜ぶ生徒もいましたが，コンクール前に，「自分たちの目標は，団結することだ！　歌の良し悪しはともかく，みんなで一緒に，一所懸命に歌おう！」という確認ができたことで，本番に臨む生徒たちの気持ちが，いい意味で高まり，一つになったように思います。

　ちなみに，この年は，合唱コンクールでは入賞できませんでしたが，コンクール後の学級の雰囲気が，コンクール前よりもかなり柔らかく，あたたかいものになりました。それは，生徒たちの心が賞をもらうことに向いていたのではなく，学級目標にある「団結」に向いていたからだと思います。

　合唱コンクール後の学活で，リーダーたちが次のように語っていたことがその証左になるのではないかと思います。

　以下，当時の学級通信からの引用です。

> 　リーダーの挨拶で，「この合唱を通して高まった団結力で，残りあと5か月，もっといいクラスにしていこう」「合唱を通じて仲良くなったし，みんなでまとまれた。このいい雰囲気を授業にも活かして，みんなで頑張っていこう」と言ってくれた人がいました。その通りだと思います。素晴らしい合唱をつくり上げることができましたが，それが6組のゴールではありません。卒業を迎える3月に，みんなが笑顔で，「いいクラスだった」「この仲間と一緒に過ごせてよかった」と思える，そんなクラスにしていきたいですね。

　ここで大事なのは，合唱コンクール（行事）は学級づくりのゴールではなく，学級目標のようなクラスになる過程であることを，教師も生徒も感じているということだと思います。

第5章　最高のチームを育てる学級目標　作成マニュアル＆活用アイデア　中学校　151

「３月には家族的であたたかい，そして団結力のある星のように輝く学級になっていたい！」という，学級目標＝ゴールイメージが学級の生徒たちに共有されているからこそ，合唱コンクール（で賞を取ること）が目的にならず，だから賞が取れなくても団結できたということに満足感をもてたのではないかと思います。

今年度は『笑顔・責任・協力』が学級目標ですが，学級目標が決まった次の週に，以下のような指導をしました。ちょっと長いですが，学級通信から引用します。

　　昨日の６時間目の高山学習，ちゃんと活動していたという人は立ちます（全員起立しました）。なるほど，そうですか。じゃあ，昨日の６時間目に，立ち歩いたという人は座ります（数名着席しました）。今立っている人が，他の人から見ても頑張っていると評価される人です。評価は，人がするものです。自分がいくら頑張っていると言っても，人から見てそう見えないと，評価はされないんですね。

　　では，全員着席。いいですか。高山遠足の学習は班活動になっているけど，これは，長い目で見ると修学旅行に向けた練習になっているんですよ。だから，班ごとに活動しなければいけないんですよね。ところで，○○さん，あなたはどうして立ち歩いたの？

　　「え，自分の班でわからんところを他の班の人に聞こうと思って」

　　なるほど，そうか。なんというか，悪気はなかったんだよね。でも，班長さんが「おい，立つなよ」とか「席に着こうよ」とか，声をかけたよね？

　　「はい，かけられました」

　　でしょ？　班長さんは，ちゃんと班活動をしなきゃいけないと思って，立っている人に声をかけたんだよね。でも，あなたは座らなかったでしょ？　あなたが班長だったとして，あなたが「座って」と言っても言うことを聞いてくれない班員がいたら，どう思うかね？

　　「嫌です」

そうだよね。先生は，悲しくなると思う。だって，人に注意するのって，嫌じゃない？
「嫌です」
　でも，このクラスのリーダーの条件の中に，「ちゃんとしていない人に注意できる」というのがあったでしょう？　班長さんは，その条件に合うように，ちゃんと活動しているんですよ。班長さんの言うことを聞いてあげようよ。
　だいたい，このクラスの学級目標は何だったっけ？
「笑顔，協力，責任」
　そうですよ。班長も含めて，みんなが笑顔になれるように，班員は班員の責任を果たして，班長に協力しようよ。で，みんなが笑顔になれるように活動していこうよ。
　今こうして先生が授業をしっかりできているのも，先生が頑張っているからだけではなくて，みんながちゃんと話を聞いてくれているからなんです。みんなの協力のおかげなんです。班長と班員の関係も一緒ですよ。ぜひ，班長さんに協力してあげてね。

　学級目標に引きつけた語りが生徒の心に響くのはなぜかというと，生徒たち自身がつくった目標だからだと思います。先生に押しつけられたわけではなく，生徒たち自身がつくったものであるから，生徒自身の思い入れがあり，だからこそ，生徒は学級目標に照らして自分の行動を振り返ったり，クラスの状況を見つめたりするのだと思います。
　そう考えてくると，学級目標を決める過程で生徒たち自身の考え・意見・アイデア・思いが尊重され，その決定においても民主的な手続きを踏んでいることが，とても大切だということになると思います。

5　学級目標は，学級の北極星である

　論語の中にこんな言葉があります。

> 子曰く，政を為すに徳を以てするは，譬へば北辰其の所に居りて，衆星の之に共ふが如し，と（孔子様がおっしゃった，「政治を行うに徳を以てするのは，例えるならば北極星が中心となって，周りの星が自然と集ってくるようなものである」と）。

　学級目標は，ちょうど，その学級の生徒たち，そして教師にとっての北極星のようなものだと言えるかもしれません。みんなで共有するゴールイメージであるとともに，道に迷いそうになった時には常に見上げて参照すべき，行動の指針となるもの。生徒たちがどこにいようとも，何をしていようとも，常にその中心となってぶれることなく輝き続ける不動の理想像。

　そんな素敵な星のような学級目標に向かって，生徒・教師が一緒になって活動していける，そんな学級づくりをしていけるといいなと思います。

（海見　　純）

【参考文献】
＊橋本定男『学級活動指導法セミナー5　子どもが力をつける話合いの助言』明治図書，1997

3 学級づくりを 学級目標の視点から考える

1 学級目標とは？

　私のクラスは，学級目標ができあがるのをとても楽しみにしています。なぜなら，学級目標を決める過程でみんながいろいろな意見を出し合い，最後には皆が納得した状態で決まるからです。学級目標があるだけで，生徒が自分たちで頑張ることができ，そこに向かって一丸となれるような時が必ずやってきます。自分たちで決めたからこそ，その目標を達成したい，という思いが強くなるのではないでしょうか？　学級目標が活かされる時，それは行事などです。行事の他にも生徒に立ち止まってもらいたい時など，学級目標を振り返ってもらうきっかけは１年間の学校生活の中でいくつかあると思います。教師も生徒もクラス一丸となって，学級目標に向かって頑張っていけるよう，私も日々，努力をしています。

　しかし，以前の私は学級目標を決めるだけでも，何時間もかけてしまい，他のやるべきことを後回しにしてしまっていたことがありました。先を見通していないと，時間だけを使い，学級にとって意味を成さない目標になってしまいます。また，生徒の「こうなりたい」という意見だけを用いてつくった目標だけでは，クラスをどのように改善していけばよいのかがわからなくなってしまいます。

　私は今でも中学生の時の学級目標を覚えています。生徒にとっても学級目標は特別な思いのあるものに違いありません。学級目標に向かって，いかに生徒を動かしていくのか，ゴールを見据えて活動を組織していくことこそが今求められているのです。

第5章　最高のチームを育てる学級目標　作成マニュアル＆活用アイデア　中学校　155

2 学級目標作成の手続き

(1) どんなクラスにしたいのか

> 今日の学活は，学級目標を考えたいと思います。みんなはどんなクラスにしたいですか？

　生徒の思いを尊重しながら決めていきます。ここでは，たくさんの意見を出してもらうのみです。自分の意見を出すことで，クラスへの所属欲求を高めるねらいもありますが，こんな質問をするとクラスに一人は必ずたくさん意見を出す生徒がいます。たくさん意見を出してくれるのはいいのですが，だんだん発言がぶれてきます。そのような時は，一人一発表制にします。

> 一人の発言は1回までにします。たくさん願いがある人は，自分でこれだけは譲れない，という意見を絞って発表してください。

　逆に，あまり発言のないクラスは，個人別にワークシートを配り，書いてもらうことで表現してもらいます。発言の少ない生徒でも，ワークシートには書いてくれるので，その意見を見落としてはいけません。

　以下は，私のクラスで実際に出た意見です。これから整理に入るのですが，たくさん出れば出るほど，私はあることに気付きました。

・絆の深いクラス　　　　　・みんなのことを考えて行動できるクラス

・何にでも積極的にチャレンジできるクラス　　　・努力できるクラス

・一人一人の個性を活かせるクラス　　　・ゴミを分別できるクラス

・後輩や小学生の手本になれるクラス　　　・中途半端にしないクラス

・仕事を責任もってやれるクラス　　　・授業中私語をしないクラス

・いじめのないクラス　　　・笑顔が絶えない　　　・思いやりのある

・切り替えができる　　　・（学習を）教え合える　　　・仲のよいクラス

---

(2) **意見をまとめる**

　今のクラスの実態を見て「○○しないクラス」という意見が多く出ています。そこで私からの一言。

> 　否定的な言い方よりも，どうなりたいか希望が入っている意見の方がそこに向かって力を合わせていけるよね？

という投げかけをします。そうすると生徒は，「いじめのないクラスは絆の深いクラスに言い換えられると思います」「授業中私語のないクラスは，みんなのことを考えて行動できるクラスに当てはまると思います」と言って自分たちで整理ができます。否定的な意見は，強制させられている感覚になるので，肯定的に物事を見る習慣を身に付けさせています。このように否定的な言い方は肯定的な言い方に変わり，他の意見に吸収されたりするので，選択しやすくなっていきます。生徒にも自分たちで整理ができた，という満足感が残るようです。私のクラスでは，意見が出ると必ず生徒が反応してくれます。肯定的な場合は「うん，うん」と頷き，「いいねぇ！」と言葉を発します。否定的な時は表情を歪める生徒もいます。すかさず意見を出して発言してくれる生徒もいます。ある程度，絞られたら多数決をとります。

> 　自分が一番望んでいる意見，一つに手を挙げてください。決まった人は，机に顔を伏せてください。

　既に意見は十分に聞いているので，これで多いものから三つくらいの意見に絞り込んでいきます。このクラスの時は，

> ・絆の深いクラス
> ・みんなのことを考えて行動できるクラス
> ・何にでも積極的にチャレンジできるクラス

　この三つになりました。ここから学級目標をイメージ化していきます。三つの理由は，このどれかにイメージが当てはまる学級目標を考えてほしいか

らです。一つではやはり難しいと思います。

(3) 「○○のようなクラス」をイメージ化する

　私がいつも学級目標を決める時には，必ず生徒にイメージ化させます。学級開きの時に伝え，学級目標の作成で再度確認します。例えば，「森のようなそこにいるみんなが気持ちよくなれるようなクラス」「生徒一人一人が個性を発揮でき，混ざり合うことのないカラフルなクラス」などとこちらのイメージを伝えます。教師側のイメージと，みんなの願いが一致していることを確認します。そして前時に出た，自分たちの願いを含んだ学級目標を考えてもらいます。ワークシートを準備します。まずは個人で考えさせます。一人だとなかなかアイデアが思い浮かばないのが現実です。そこで助け船を出します。

> 　生活班のグループに分かれて考えてください。友達の意見も自分のワークシートに理由もつけて書いておきましょう。

　そしてグループに分かれます。生活班が望ましいと思います。リーダーが決まっている方が，話し合いが脱線しないからです。みんなの願いを達成できた時のイメージを考えさせます。意見を出したら，理由もつけさせます。先ほどの願いから連想できるイメージには，次のようなものが挙がりました。

　生徒が考えるので，ユニークなものばかりです。時には図書室や辞書なども用いて，アイデアを出すこともあります。多少外れた意見もありますが，そこは生徒が頑張って出してくれたアイデアなので，大切にします。

学級目標	理由
ウルトラマン24	兄弟を生徒に見立て，積極的に正義のために行動する
ONE PIECE	アニメ：ひとつなぎの財宝の意味 クラス：みんながひとつなぎになってほしいから
アンパンマンファミリー	正義のために戦い，時には悪も許容して個性を尊重しながらみんな仲良く暮らしているから
ドラえもん	登場人物の個性が強くても，お互いを認めながら仲良くしているから

⑷　なぜその目標を選んだのかをプレゼンする

　そして1回目の多数決をとります。0票のアイデアを除いて，1票でも入れば残します。これで決まりではありません。ここからが楽しいのです。みんなが納得する多数決をとりたいので，少数意見を必ず尊重しています。

> 　なぜ，その学級目標を選んだのか，意見を聞いていきたいと思います。この発表で票が動く可能性があるので，発表をする人は，説得力のある発表をしてください。

　何票入ったのかが問題ではなく，どうしてこの目標を選んだのか，という理由を述べさせ，プレゼンを行わせます。一人の意見でも，皆の心にとまれば，それだけで票が動くので，ここも学級活動として面白い所です。実際にこんな意見が出ました。

　　　　　　　　　　　　　　○は賛成意見，△は否定的な意見です。
　○　ウルトラマンは，敵を自らやっつけにいくところが，積極的に行動するに
　　　当てはまっていると思う

第5章　最高のチームを育てる学級目標　作成マニュアル＆活用アイデア　中学校　159

○	ONE PIECE の財宝をクラスの絆に置き換えることができるから，いい
○	アンパンマン作者の願いをそのまま反映しているところがいい
△	ウルトラマンがわかりにくい
△	ドラえもんは秘密道具を使うから，あまり学級に適していない

などたくさんの意見が出ると，どの意見ももっともに思えて悩んでいる表情の生徒もいます。意見の交換を行う中で，賛成・反対だけでなく，時には二つの意見の間をとった案が出ることがあります。そういう姿を見ると，理由をしっかりと聞くことはとても大切だと痛感します。話し合うことで互いの意見に歩み寄ることができるので，今受け持っているクラスの団結力は３年間で強いものになりました。こうして決まるまで，２，３時間くらい学活を費やすでしょうか。決まったら，次はデザインに入っていきます。

(5) 学級目標デザイン

　学級目標は常にクラスのいつでも見える一番の所に掲示するので，私は皆の顔が入ったものを望みます。デザインはイメージが決まっているので，すぐに決まることが多いです。デザインを考えさせると，グループの中の一人のアイデアから広がっていきます。でも一人ではなかなか主張できないことが多いので，皆で考えさせます。そうすると，イラストの得意な生徒が紙とペンを持ち，みんなが考えていることを口にしていくと，「じゃあ，こんな感じ？」とさらっと描いてくれることもあります。各班から出された意見を黒板に貼り，投票で決めます。自分のネームタグをこれだと思うデザインの所に貼っていきます。周りの目を気にする生徒もいますが，学級活動で自分の意見を言えるようになってくると，堂々と貼れるようになってきます。

　「ONE PIECE」の時は，アニメのデザインを参考に考えました。生徒に学級目標を書かせるのも方法の一つです。生徒に書かせる時は，とっても時間がかかりますが，より自分たちでつくったという達成感を味わうことができます。また，一人一言書かせたりしたこともありました。その際は必ず

「集団の一員として、この目標を達成するために自分ができること」という設定で一言を考えさせます。皆のために何かをしよう、と考える生徒もいれば、自分が当たり前のことをきちんとするだけで、皆に貢献できる、と考える生徒もいます。学校生活なので、集団の一員というフレーズをつけることで、みんなに貢献をする、という気持ちを高めるきっかけになります。

この写真の学級目標は"Melody"でした。一人一人を音符に見立てて、自分が集団の一員としてできることを書かせ、顔写真を貼りました。ちなみに、学級担任の私は指揮者です。
こんな合成をしました。

3 学級目標を学級づくりにこう活かす！

〈学級目標にちなんだムービー作成〉

　学級目標ができあがると、ムービーを作らせることもありました。集団としてはやや多く感じる、12～13人くらいの集団です。

> 　この学級目標を達成した姿を考え、シナリオを作ってムービーで表現しましょう。

と指示を出します。グループは班と班を一緒にしてバランスよくつくります。ただし、この活動には条件をつけます。

① 必ず、皆にセリフをつけること
② 自分たちで撮影すること
③ 撮影者もストーリーに入り、セリフを言うこと

という条件です。これで，ワークシートを用意し，自分たちで短編映画の制作です。グループの皆にセリフを入れるので，一人一役考えなければいけませんし，自分たちで学級目標をどういう姿にもっていくのか考えないといけません。必ずそこには話し合いが要求されますし，2～3グループで競うので負けられません。今まで多かった題材が，体育祭で優勝する場面，いじめから仲のよいクラスになる場面などやはり生徒の日常生活に近い場面のやりとりが見えました。

そして練習，撮影をし，担任が簡単に編集をします。どうするかというと，授業参観等で披露するのです。どのムービーがよかったのか，投票をしていただいたこともあります。

1時間でムービーを見て，評価までします。4月なので，新しい人間関係がスムーズにいく

↑ムービーの1コマです

こともありました。今まで知らなかった友達の一面を知ることもありました。同じ学級目標でも，人が違えばその捉え方は様々あります。このように学級目標に向かって，みんなで一つのことをやり遂げることは，生徒に新たな人間関係を構築するきっかけにつながります。

〈各行事での学級目標の意義〉

　特に体育祭では，学級目標を意識させて取り組んだことがあります。クラス単位でチームが分かれる場合は，意識しやすいです。次の図を見てください。

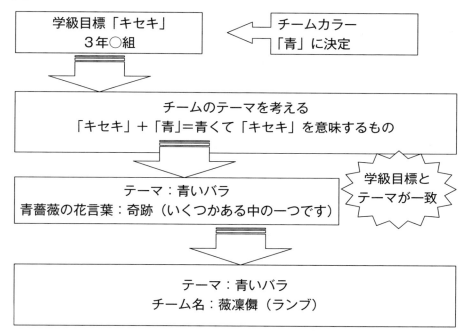

　このように，生徒が学級目標を基に体育祭を動かすことができました。行事と結びつけることは生徒にとって思い出深くなりますし，皆の協力なしでは成功できません。そういった時に学級目標を意識させ，生徒の中の所属欲求を満たす要因につなげます。

　また体育祭などの行事は，私たち教師の手があまり入らず，生徒の手で企画・運営させる学校が多いと思います。特にチームでの活動は，チームにしかない絆が生まれ，上級生だけでなく下級生にもよい影響を与えます。先輩がそうしたから自分たちもそうしたい，という思いを強くさせると思います。

〈学級レクで活かす〉

　学級レクをする時も，学級目標を意識させて取り組みます。例えば，男女の仲がなかなか深まらない，つまりみんなの願い一つめの「絆の深いクラス」を最近意識して生活していないな，と思えば，そこに特化したレクを考えるのです。レク係にお願い

し，男女の仲がよくなりそうなレクを考えてもらいます。私が受け持ったクラスで出た案は，「助け鬼」と「手つなぎ鬼」でした。もちろん，鬼に捕まったら男女問わず手をつなぎます。最初は抵抗を示していましたが，1年生の時から何回も続けていると，それが普通になってくるようです。男女だけでなく，普段話さない女子同士，男子同士でも話したりするので，グループ化解消のきっかけになることもあります。1回でそのレクが終わらず，そのクラスはレクというと，いつも男女で楽しめるものを企画し，実行したことが，絆を深める突破口となりました。また時にはお昼休みを利用して，みんなが一緒に遊ぶ日を生徒たちから設定し，授業の中で取れない時間を補っていることもありました。

〈毎日の目標に取り入れる〉

　学級目標は1日では達成できませんが，毎日の目標を達成することによって，学級目標の願いを達成しようと，生徒は学級の状態を観察するようになります。

　係活動の一つに毎日クラスの目標を考える係があります。毎日小さな，そして皆が達成できそうな目標を考えます。その日の学校行事や，授業内容，そしてクラスの状態を見て係が決めます。学校行事がある時は，「生徒総会の学級審議で一人一つ意見を出す」というような，積極性が求められる目標になります。

　特に「積極的に行動する」という願いは，小さい学校ならではの課題だと

思います。小さい学校では，小学生と交流する機会や先輩・後輩関係なく縦割りで様々な活動をする機会が設けられています。そこで，毎日の目標と合わせて「積極的に行動する」をクリアーしていくことができます。どんな活動でも，一人一役以上の役割が回ってくるので，周りを見なくても行動できるよう，自分で流れを把握し，今何をしたらいいのか，自分が何をするべきなのかを考えて動けるようにしていかなくてはなりません。

　ここに挙げたどんな活動でも，継続していくことが大切だと思います。次第に生徒の中から人間関係の変化に気付くことが多くなり，自分たちで孤立しそうな生徒をつくらないよう，日常生活の中でも配慮をしていくようになりました。

 評価をする

〈学期の振り返り〉
　私がいつも学級目標を評価する時は，各学期の振り返りの時です。自己評価シートの最後の項目に入れています。
～学級への貢献について～

項目	その理由
学級目標 『〇〇〇〇〇』について	達成度　　　　　　％
自分がどんなことで貢献できたか	

　もう少し枠は大きいですが，こんなふうに評価できる欄を作ってあります。簡単なように見えますが，生徒はいろいろな意見を書いてきます。以下は実際の生徒の意見です。

○1年生2学期

達成度（％）		85
理由	成果	・1学期に比べ男女だけでなく全体のかかわりが増えた。 ・行事を通して成功させようと，一人一人が役割を果たした。 ・一人一人の発言が増えた。
	課題	・リーダーに頼っているところがある。 ・個性を活かすのもいいが，悪い個性に流されていた。 ・嫌な気持ちになった人がいた。
自分が貢献できたこと		・自分の意見を言う時は，他人の意見もよく聞いて，自己主張が強くならないようにした。 ・自分から誰に対しても雰囲気を明るくしようと努力した。 ・給食の時，重い食器を自分から持った。

○3年生1学期

達成度（％）		75
理由	成果	・3年生としての役割をきちんと果たし，前に進んでいる感じがする。 ・部活や行事の面で，後輩によい手本を見せた。
	課題	・今までよりもっと成長しているようなすごいことはしていない。 ・受験に対する気持ちが薄い。
自分が貢献できたこと		・毎日を楽しく過ごすのはもちろん，いろいろな人と話をして，悩みを聞いたりした。 ・学校に毎日元気に登校すること。

この結果は同じ生徒を対象に行ったものです。１年次は「仲良く，男女の壁がなくなる＝絆が深まる」と認識しているのに対して，３年次になると，「仲がいいのは当たり前で，そこから新しい何かを生みだし，クラスや全校を引っ張って進めること」を求めています。学級目標がもっている意味を自分たちできちんと理解していることがうかがえますし，成長に合わせて学級目標づくりも望む生徒像を変化させていかなければなりません。

〈行事後の振り返り〉
　行事後の振り返りにも，学級目標を達成できたかどうか評価を設けることができます。特にムービー作成の後は，成功するグループだけでなく，失敗してしまうグループもいます。しっかりと振り返らせて，今後学級目標にどうしたら迫っていけるのか考えさせます。そして学級通信や学年便りなどに載せ，この活動に区切りをつけるのと，次の活動への意欲付けとして終えます。
　振り返りを行うことで新たな課題が見つかり，いかにそこに迫っていくのか，次にどんな活動をしかけていくのか先を見ることが大切です。これは生徒会組織にも同様のことが言えます。

〈日常生活の中で〉
　先ほど挙げた，毎日の目標は終学活で班長が評価しています。難しい目標ではないので，班長が個別に声をかけ，何とか達成できるよう，班員の様子を見ています。そして，日直からも『クラスへの意見・提案』というクラスの評価項目があります。これを参考に，次の日の目標を決めてもらいます。
　私は毎日黒板にメッセージを書きます。朝，生徒が登校してきて一人一人の目に入るのですが，主にクラスの中でよかったことを中心に書きます。ほめる場にしようと思って始めましたが，時にはクラスの様子で「これでいいのか？」と私が疑問に思うことも書きます。そこで学級目標を引き合いに出します。個人は特定せず，行動を挙げます。

第５章　最高のチームを育てる学級目標　作成マニュアル＆活用アイデア　中学校　167

> この行動は、学級目標に含まれている願いの、周りのことを考えて行動するに当てはまっているのでしょうか？ 私は一人でもそう思わない人がいれば、当てはまっていないと思います。

　ほんの些細なことでも、大きくなる前に生徒に投げかけます。これが功を奏しているかどうかはわかりませんが、一人一人の心に響いていることを願っています。直接話した方がいい事例もあります。ですが、自分の心の中で感じたことなどは、文章で表現をした方がワンクッション置けるので、ダイレクトな言い方を避けることができます。

　これは生徒からの評価というよりは、個人的な私見ですが、こうして気付いていくことで、生徒同士で自浄していける仲間関係が築けることを望んでいます。

学級目標を大切なものとして

　学級目標をいかにクラスの中で活かしていくか、私も十分に活かせていない点もたくさんあります。特に、評価と次への手立てや、生徒にどう伝えるのか、など自分自身迷う点がたくさんあります。

　ですが、やはり生徒の中では学級目標は大切な存在なのです。私は学級目標の意味をここまで深く考えていませんでした。今振り返ると、生徒から教えてもらったことがたくさんあります。生徒が大切にしたい、達成したい、という思いを無駄にしたくありません。いろいろな先生方の実践を見て、私自身、その力を高めていきたいと思っています。

（井口　真紀）

あとがき

　小学校教師として採用されてからずっと学級目標をつくってきました。

　第1章にも書きましたが，それは必要感があってのことではなく，周囲から言われるままに，つまり，意味や目的を考えることなくつくりました。目標の文言は私が考えました。周囲の先生方にお聞きしたら「そうするもの」だと教えていただいたからです。

　全判の模造紙2枚ほど並べ，自分が思いつく限りの気合いの入った言葉を並べました。掲示物を作ることは嫌いではなかったので，けっこう見栄えのするものを作ることができたと記憶しています。先輩方にも，「ずいぶん立派な目標ができたね」とほめていただきました（今は，それがほめ言葉でなかったことはよくわかります）。

　しかし，それは1か月もすると埃をかぶり，日に焼けて色褪せてきました。それよりももっと残念だったことは，そこに書いた文言と子どもたちの実態の乖離が明らかになってきました。そして，ある日気付くのです。「子どもたちと歩む」学級集団づくりを志向していたのに，思うようにならない子どもたちに，叱ることが多くなり，指示や命令のようなことばかりしている自分に。4月に見せてくれた私に対する瑞々しい期待や，はつらつとした姿は影を潜め，教室の空気が淀んでいたのです。

　いつの間にか，私は「一人旅」をしていました。子どもたちと一緒に旅をしているつもりだったのに，私は，一人でボートを漕いでいて，子どもたちの乗っている船は，水平線の彼方に消えようとしていました。学級集団づくりに自信を失っていたそんなある時，研究会で訪れたある教室で足が止まりました。そこは公開する教室ではなく，子どもが下校した後の無人の教室でした。教室掲示を見ていて，ふと，壁に貼られた学級通信に目がとまりました。タイトルは忘れましたが，そのタイトルを「子どもたちが決めました」と脇に小さく記してありました。また，学級目標をよく見ると，お世辞にもきれいとは言えない文字で，稚拙な言葉で書かれていました。

しかし，そこからはなんとも言えないあたたかさと，子どもたちの押さえきれないパワーのようなものを感じました。自分のつくった学級目標のまとう寒々とした印象とは「雲泥の差」でした。後でお聞きすると，その先生はまだ若いのに，子どもたちからも保護者からも大変評判のよい方だとお聞きしました。担任すると子どもたちが，元気になり授業も活気に満ちているとのことでした。

　私は，理想を追究するあまり，子どもや子どもの願いにしっかり向き合っていなかったのです。自分たちを顧みることなく，理想やどこかで学んできたことだけをぶつけてくる教師に，ダメ出しをしてくれていたのだと思います。

　次年度からは，学級目標も子どもたちと話し合い，もちろん，全員参加による合意で決め，たとえ，多少見栄えがしなくても，子どもたちに学級目標の掲示を作ってもらいました。学級目標を決めた後には，学級目標を象徴するキャラクターを決めて，それを学級のシンボルにするような実践がここから始まったのです。学級で決めたキャラクターは，子どもたちの記憶に残っているようで，大人になっても再会すると，「先生，覚えている？　○○（シンボルキャラクター名）の□□（名前）です」と言ってくれます。また，かつての保護者たちも，「○○にいた□□の母です」なんて連絡をくれます。

　そんな経験ができるのも，一人旅をしていた私に「先生，おかしいよ」とダメ出しをしてくれた子どもたちのおかげだと思っています。今はひたすら感謝するばかりです。本書をぜひ，子どもたちとの素敵な時間づくりにお役立てください。

　なお，本書は，多忙な中，珠玉の実践を寄せてくれた11人の執筆者がいたからこそみなさんのお手元に届けることができました。執筆者のみなさんに感謝申し上げます。また，この企画の仕掛け人である明治図書の及川誠さんには膨大な原稿の整理から，細かなレイアウトまで超人的な作業をこなしていただきました。心より感謝申し上げます。

赤坂　真二

【執筆者一覧】（掲載順）

赤坂　真二	上越教育大学准教授
宇野　弘恵	北海道旭川市立愛宕東小学校
岡田　広示	兵庫県佐用町立佐用小学校
南　　恵介	岡山県赤磐市立軽部小学校
山田　将由	神奈川県横浜市立本牧小学校
和田　　望	新潟県上越市立春日小学校
松下　　崇	神奈川県横浜市立川井小学校
松尾　英明	千葉県木更津市立畑沢小学校
畠山　明大	新潟県加茂市立石川小学校
岡田　敏哉	新潟県上越市立城北中学校
海見　　純	富山県滑川市立早月中学校
井口　真紀	新潟県小千谷市立南中学校

【編著者紹介】

赤坂　真二（あかさか　しんじ）

1965年新潟県生まれ。上越教育大学教職大学院准教授。学校心理士。19年間の小学校勤務では，アドラー心理学的アプローチの学級経営に取り組み，子どものやる気と自信を高める学級づくりについて実証的な研究を進めてきた。2008年4月から，より多くの子どもたちがやる気と元気を持てるようにと，情熱と意欲あふれる教員を育てるため現職に就任する。

【著　書】

『担任がしなければならない学級づくりの仕事12か月　小学校高学年』（明治図書，2010）

『スペシャリスト直伝！　学級づくり成功の極意』（明治図書，2011）

『スペシャリスト直伝！　学級を最高のチームにする極意』（明治図書，2013）

『THE　協同学習』（明治図書，2014）

『THE　チームビルディング』（明治図書，2014）

他多数

学級を最高のチームにする極意シリーズ
最高のチームを育てる学級目標
作成マニュアル＆活用アイデア

2015年3月初版第1刷刊　©編著者	赤　　坂　　真　　二
2015年4月初版第2刷刊　　発行者	藤　　原　　久　　雄
発行所	明治図書出版株式会社

http://www.meijitosho.co.jp
（企画）及川　誠（校正）関沼幸枝
〒114-0023　東京都北区滝野川7-46-1
振替00160-5-151318　電話03(5907)6704
ご注文窓口　電話03(5907)6668

＊検印省略　　　　　組版所　長野印刷商工株式会社

本書の無断コピーは，著作権・出版権にふれます。ご注意ください。

Printed in Japan　　　　　　ISBN978-4-18-185319-8

『学び合い』で明日の学級・授業が変わる！

THE教師力ハンドブック
子どもたちのことが奥の奥までわかる
見取り入門
会話形式でわかる
『学び合い』テクニック

西川 純 著

「あの子がなぜ？」「子どもが考えていることがわからない」。そんな悩みを解決する、簡単だけど強力な"見取り"に関する三つのノウハウ。気になるあの子から、集団の見取りまで。『学び合い』を活用した名人レベルの見取りの極意を、会話形式をまじえてまとめました。

四六判
本体 1600 円＋税
図書番号 1664

THE教師力ハンドブック
気になる子への
言葉がけ入門
会話形式でわかる
『学び合い』テクニック

西川 純 著

「なぜ、学校で勉強するの？」無理だとあきらめていた「あの子」を変える、簡単だけど強力な"言葉がけ"に関する三つのノウハウ。『学び合い』を応用して編み出された子どもへの言葉がけの秘訣について、会話形式をまじえてわかりやすくまとめました。『学び合い』を応用した言葉がけの秘訣が満載です。

四六判
本体 1600 円＋税
図書番号 1662

THE教師力ハンドブック
簡単で確実に伸びる
学力向上テクニック入門
会話形式でわかる
『学び合い』テクニック

西川 純 著

「少人数指導では学力は上がらない？」一生懸命取り組んでも、なぜ効果が出ないのか。「そもそも学力とは」に立ち戻った、学力を簡単で確実に伸ばす三つのノウハウ。『学び合い』を応用した学力向上テクニックについて、会話形式をまじえてわかりやすくまとめました。

四六判
本体 1560 円＋税
図書番号 1665

THE教師力ハンドブック
子どもが夢中になる
課題づくり入門
会話形式でわかる
『学び合い』テクニック

西川 純 著

「達成したいことは何？」子どもたちに「やろう！」と思わせる簡単だけど強力な「課題づくり」に関する三つのノウハウ。"課題はシンプルに明確に"など通常の授業でも生かせる『学び合い』を応用した課題づくりの神髄について、会話形式でわかりやすくまとめました。

四六判
本体 1600 円＋税
図書番号 1663

明治図書　携帯・スマートフォンからは **明治図書ONLINE へ**　書籍の検索、注文ができます。▶▶▶

http://www.meijitosho.co.jp　＊併記4桁の図書番号（英数字）でHP、携帯での検索・注文が簡単に行えます。

〒114-0023　東京都北区滝野川7-46-1　ご注文窓口　TEL 03-5907-6668　FAX 050-3156-2790

＊価格は全て本体価格表示です。

人気シリーズ、続々刊行！

「スペシャリスト直伝！」シリーズ

スペシャリスト直伝！ 小学校 クラスづくりの核になる 学級通信の極意

西村健吾 著　図書番号1348
A5判・148頁
本体 1,800円＋税

豆腐のように①マメで②四角く（鋭く）③やわらかく④面白く"をモットーに"豆腐屋教師"と呼ばれ活躍する著者が、子どもや保護者との信頼をつなぐ、学級づくりの核になる学級通信の極意を伝授。学級通信で仕掛ける「学級づくり12か月」を、実物例とともに紹介します。

スペシャリスト直伝！ 学級づくり "仕掛け"の極意　成功に導くキラー視点48

福山憲市 著　図書番号1349
A5判・152頁
本体 1,560円＋税

学級づくりにはおさえておきたい「キラー視点」がある！ 著者が長年取り組んできた学級づくりのポイントを大公開。「いいのです」「ザ・チャイルド」「ミス蜂発想」などの「仕掛け」で子ども達がぐんぐん伸びる！学級づくりが"一味変わる"視点が満載の1冊です。

「THE 教師力」シリーズ

THE 学級開き

堀　裕嗣 編
「THE教師力」編集委員会 著
図書番号 2971　72頁　本体 960円＋税

16人の人気教師が語る学級開きのポイントとは？ 16人の人気教師が、「学級開き」のポイントをまとめた必携の1冊！【執筆者】堀裕嗣／宇野弘恵／桔梗友行／金大竜／佐々木潤／白井敬／中條佳記／坂内智之／福山憲市／藤原なつ美／古田直之／山田洋一／渡邉尚久／伊藤慶孝／門島伸佳／堀川真理／渡部陽介

THE 授業開き ～国語編～

堀　裕嗣 編
「THE教師力」編集委員会 著
図書番号 2972　72頁　本体 960円＋税

16人の実力派教師の国語の授業開きとは？ 16人の実力派教師が国語の授業開きのポイントをまとめた必携の1冊！【執筆者】堀裕嗣／山中伸之／中條佳記／高橋百合子／中條佳記／松森靖行／楠本輝之／白井敬／山田将由／大島崇行／水戸ちひろ／中村健一／岡田広作／高橋和彰／山本純人／平山雅一／合田淳郎

THE 学級経営

堀　裕嗣 編
「THE教師力」編集委員会 著
図書番号 1974　72頁　本体 960円＋税

学校現場で活躍する16人の人気教師が、「学級経営」のポイントをまとめた必携の1冊！【執筆者】堀裕嗣／赤坂真二／飯村友和／石川晋／糸井登／大野睦仁／門島伸佳／金大竜／多賀一郎／中村健一／福山憲市／古田直之／堀川真理／山田将由／山田洋一／渡邉尚久

THE 学級通信

堀　裕嗣 編
「THE教師力」編集委員会 著
図書番号 0974　80頁　本体 960円＋税

学校現場で活躍する人気教師が、自らの「学級通信」のねらいやり方・ポイントについて学級通信の実物を入れながら解説した必携の1冊！【執筆者】堀裕嗣／南山潤司／鍛冶裕之／宇野弘恵／藤原なつ美／氏家拓也／石川晋／海見純／山下幸／合田淳郎

THE 新採用教員 ～小学校教師編～

山田洋一 編
「THE教師力」編集委員会 著
図書番号 1975　72頁　本体 960円＋税

初任者として初めて臨む学校現場で、どのように取り組むか。そのポイントについて、初任者＆ベテランの現場教師16人が、実体をまじえてまとめました。新採用としてぶつかった壁や、どうそれを乗り越えたか。悩みの解決の方法など、役立つ情報が満載の1冊です。

THE 新採用教員 ～中学・高校教師編～

堀　裕嗣 編
「THE教師力」編集委員会 著
図書番号 1976　72頁　本体 960円＋税

初任者として初めて臨む学校現場で、どのように取り組むか。そのポイントについて、初任者＆ベテランの現場教師16人が、実体をまじえてまとめました。新採用としてぶつかった壁や、どうそれを乗り越えたか。成功した取り組みなど、役立つ情報が満載の1冊です。

THE 校内研修

石川　晋 編
「THE教師力」編集委員会 著
図書番号 1971　80頁　本体 960円＋税

全国各地の学校現場で活躍する12人の人気教師が、「校内研修」の取り組みとそのポイントをまとめた校内研修の最前線！【執筆者】石川晋／堀裕嗣／藤倉稔／阿部隆幸／山寺潤／志賀廣介／松原宏樹／大木　/ 蔵満逸司／渋谷渉／大野睦仁／藤原由香里

THE 教室環境

石川　晋 編
「THE教師力」編集委員会 著
図書番号 2973　80頁　本体 960円＋税

「教室環境」への取り組みを18人の教師がまとめた必携の1冊！【執筆者】石川晋／中島太郎／太田充紀／鎌北淳子／鈴木優大／高橋正一／大野睦仁／田中聖吾／田中博司／広木敬介／冨田明広／伊垣尚人／塚田直樹／平山雅一／山崎由紀子／小川拓海／堀込篤志／郡司竜平

明治図書　携帯・スマートフォンからは **明治図書ONLINE へ**　書籍の検索、注文ができます。▶▶▶

http://www.meijitosho.co.jp　＊併記4桁の図書番号（英数字）でHP、携帯での検索・注文が簡単に行えます。

〒114-0023　東京都北区滝野川7-46-1　ご注文窓口　TEL 03-5907-6668　FAX 050-3156-2790

THE 教師力シリーズ
THE 学級マネジメント

長瀬拓也 編　「THE教師力」編集委員会 著

中だるみなんて怖くない！ゼロから学べる学級マネジメント

学級を学びあえる集団にする「学級マネジメント」の手立てや仕掛けを実践家が直伝！
【執筆者】長瀬拓也／武田直樹／佐々木大輔／尾形英亮／古川光弘／山田洋一／藤原友和／山田将由／鈴木優太／田中博司／松森靖行／城ヶ崎滋雄／山本純人／伊藤慶孝／合田淳郎／杉本直樹

四六判
本体 960 円＋税
図書番号 2974

遅れのある子どもの 身辺処理 支援ブック

坂本　裕 著

排泄・衣服・清潔面・食事などの支援方法を完全ガイド！

遅れのある子への支援で、経験の浅い先生がまず突きあたる課題が、子どもの身のまわり、排泄・衣服・清潔面・食事などの支援の仕方です。本書では、子どもの行動の理解の仕方やほめ方など支援の基礎・基本に加え、身辺処理の支援の方法をQ&A形式で詳しく解説します。

A5判
本体 1700 円＋税
図書番号 1639

THE 教師力シリーズ
THE 協同学習

赤坂真二 編　「THE教師力」編集委員会 著

子ども達の力をうまく引き出す協同学習のポイントを直伝！

協同学習には、①学習成果の向上②良好な関係性の構築③自尊感情の高まりといった効果があります。消極的な子への対応やかかわりの形骸化のリスクにも配慮した、意欲・学力向上に効果的で高いパフォーマンスを引き出す工夫・取り組みを全国の実践家16人が提案します。

四六判
本体 960 円＋税
図書番号 2975

THE 教師力シリーズ
THE チームビルディング

赤坂真二 編　「THE教師力」編集委員会 著

学級を最高のチームに！「チームづくり」ガイドブック

学級担任ならばよい学級を作りたいと思うのは当然のことです。しかし努力にもかかわらず集団づくりがうまくいかないケースもあります。本書はその解決の鍵となる「チームビルディング」について各方面の専門家・実践者がまとめた画期的なチームづくりガイドブックです。

四六判
本体 960 円＋税
図書番号 2976

明治図書　携帯・スマートフォンからは **明治図書 ONLINE へ**　書籍の検索、注文ができます。▶▶▶

http://www.meijitosho.co.jp　＊併記4桁の図書番号（英数字）でHP、携帯での検索・注文が簡単に行えます。

〒114-0023　東京都北区滝野川7-46-1　ご注文窓口　TEL 03-5907-6668　FAX 050-3156-2790

＊価格は全て本体価表示です。